6.-10. Schuljahr

Hannelore Rössel

Spiele im Chemieunterricht

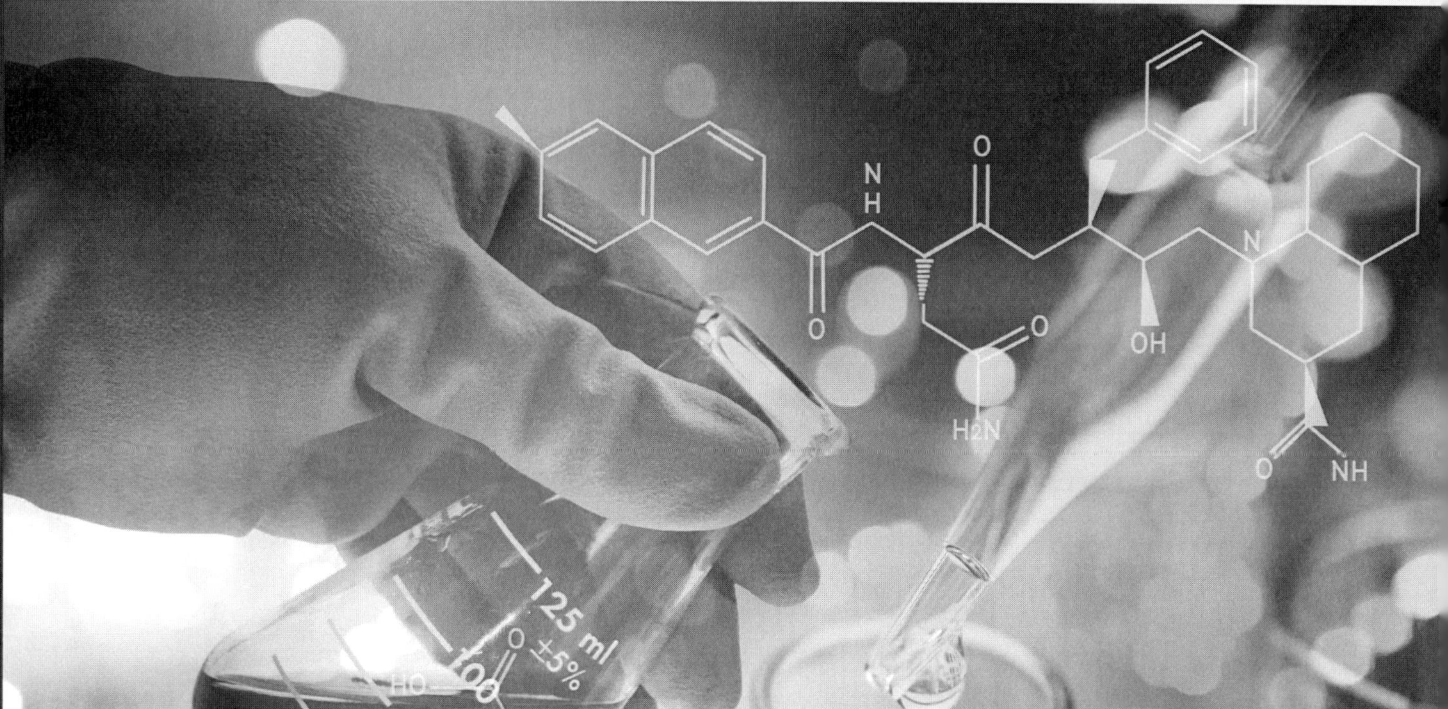

Domino und Puzzlespiele, Würfelspiele, Quartett- und andere Kartenspiele ...

www.kohlverlag.de

Spiele im Chemieunterricht

Kopiervorlagen für die Sekundarstufe I

1. Auflage 2023

Inhalt & Gestaltung: Hannelore Rössel
Umschlagbild: © kwanchaift - AdobeStock.com
Redaktion: Kohl-Verlag
Grafik & Satz: Kohl-Verlag
Druck: farbo prepress GmbH, Köln

Bestell-Nr. 12 993

ISBN: 978-3-98841-012-2

Bildquellen: © clipart: **S. 8, 10-13, 15-18, 22, 24, 26, 28-32, 34+35, 39-64:** Scherenmotiv

© **wikipedia**: **S. 54:** Kuebi, Nobel Prize biography; **S. 55:** Nobel-Chem, Charles Turner; **S. 56:** The Nobel Foundation, Nobel Foundation; **S. 57:** Stradonitz, Jacques-Louis David; **S. 58:** NIH, Photographische Gesellschaft; **S. 59:** Nobel Foundation, LOC; **S. 60:** Regi51, Litho

© **AdobeStock.com: S. 14, 20, 21, 36, 37, 38:** strichfiguren

Vorwort

Liebe Kolleginnen, liebe Kollegen,

die zentrale Bedeutung des Experiments für jeglichen Chemieunterricht ist unumstritten. Außer Frage steht aber auch, dass man mit einem Methodenwechsel das übliche Unterrichtsgeschehen auflockern und die Bereitschaft der Schülerinnen und Schüler zum Mitmachen und ihre Freude am Fach fördern kann.

Nach meinem 2020 erschienenen Band "Rätsel Chemie" für die Sekundarstufen I und II liegt nun für die Sek I mit **"SPIELE IM CHEMIEUNTERRICHT"** ein weiteres Angebot mit alternativem Unterrichtsmaterial vor, aus dem Sie hin und wieder ein Spiel auswählen können, das an vorangegangene Lerninhalte anknüpft und zu deren Wiederholung, Ergänzung und Vertiefung beiträgt. Natürlich eignen sich die **insgesamt 20 Vorschläge unterschiedlicher Spielart und Thematik** auch für Vertretungsstunden und ähnliche Anlässe. Zur Auswahl stehen u.a. Domino- und Puzzlespiele, Quartett- und andere Kartenspiele, Würfelspiele, Memos.

Spiele nehmen in der Regel etwas mehr Zeit in Anspruch als das Lösen von Rätseln vergleichbaren Inhalts und Umfangs; sie erhöhen die Notwendigkeit einer fachbezogenen Kommunikation der Schüler untereinander und haben insofern einen eigenen pädagogischen Stellenwert. Die Spielregeln, auch für bekannte Spiele, bespricht man vorab, zumal sie variieren können. Wo im Buch Lösungen angegeben sind, finden Sie sie direkt hinter den betreffenden Spielen.

Einige Spiele eignen sich besonders als **Hausaufgabe**. Die meisten Spiele sind für **kleine Spielgruppen** gedacht und können mehrfach genutzt werden. Je nach Anzahl der Spielgruppen benötigt man von einem Spiel sechs bis acht Exemplare pro Klasse. Zur Mehrfachnutzung kann man die Spielkarten eventuell (auf 110 %) vergrößert kopieren, laminieren oder dickeres Papier zum Kopieren verwenden.

Die zweiteiligen Spielkarten für die beiden Würfelspiele werden an der gestrichelten Linie gefaltet und hinten zusammengeklebt, so dass jede Spielkarte vorn eine Frage und hinten die zugehörige Antwort zeigt. Um einem Verwechseln von Spielkarten beim Austeilen und Einsammeln vorzubeugen, gibt man jedes Spielset in einen gesonderten Umschlag; auch die Verwendung farbigen Kopierpapiers kann hilfreich sein.

Die Spielpläne für die Würfelspiele schiebt man zum mehrmaligen Gebrauch in Klarsichthüllen oder laminiert sie ebenfalls. Für die Würfelspiele werden außerdem unterschiedlich farbige Spielfiguren in Klassenstärke und pro Spielgruppe ein Würfel benötigt.

Viel Freude mit dem Band "SPIELE IM CHEMIEUNTERRICHT", für dessen Herstellung ich dem Kohl-Verlag herzlich danke, wünschen der Kohl-Verlag und

Hannelore Rössel, OStR

SPIELE IM CHEMIEUNTERRICHT
Kopiervorlagen für die Sekundarstufe I – Bestell-Nr. 12 993

Inhaltsverzeichnis

Spielregeln

Dominospiele 5 11

Jede Spielgruppe umfasst 3 bis 5 Schüler. Jeder Spieler erhält 3 oder 2 Dominokarten, die restlichen Karten kommen verdeckt in die Mitte. Eine beliebige Karte vom Stapel wird offen auf den Tisch gelegt. Die Spieler versuchen nun der Reihe nach, passende Karten anzulegen. Hat ein Mitspieler eine solche Anschlusskarte, muss er sie auch anlegen; könnte er mehrere Karten zugleich anlegen (links und/oder rechts), muss er dies aber nicht tun. Es hängt vom Spielverlauf ab und ist eine Frage der Taktik, wie er hier vorgeht. Wer keine Karte anlegen kann, muss eine neue Karte von der Mitte nehmen; dann ist der nächste Mitspieler an der Reihe. Gewinner ist, wer zuerst alle Karten angelegt hat. (Bleiben zum Schluss Dominokarten übrig, sind Fehler beim Anlegen entstanden.)
Bei Nr. 5 ist nur eine einzige Lösung möglich. Bei Nr. 11 gibt es mehrere Lösungen; hier muss unbedingt vorab erwähnt werden, dass Formeln von Salzen, da Verhältnisformeln, stets die kleinstmöglichen ganzzahligen Indices haben, Formeln wie beispielsweise Na_2Cl_2 also falsch sind.

Kartenspiele 12 15 18

Die Spiele eignen sich für Spielgruppen von 3 bis 6 Spielern. Die Karten werden gemischt und verdeckt in die Mitte jeder Spielgruppe gelegt. Von den 44 Spielkarten, die jeweils eine Frage und die zugehörige Antwort zeigen, weisen die mit schwierigen Fragen zwei Punkte auf, die anderen nur einen Punkt. Außerdem gibt es vier Joker mit Zusatzpunkten. Der erste Spieler jeder Spielgruppe liest dem zweiten die Frage der obersten Karte vor; beantwortet dieser sie sinngemäß richtig, bekommt er die Karte und nimmt nun die nächste von der Mitte, um die dortige Frage dem dritten Mitspieler zu stellen usw. Wer einen Joker zieht, behält die Karte samt Punkt(en) und nimmt eine weitere Karte von der Mitte. Beantwortet ein Spieler eine Frage nicht oder falsch, so wird sie dem nächsten Spieler gestellt, der die Karte bei richtiger Antwort behält und nun seinerseits zum Fragesteller wird. Gibt keiner in der Spielgruppe die richtige Antwort, liest der ursprüngliche Fragesteller sie vor, legt die Karte dann beiseite und holt die nächste Karte mit der neuen Frage von der Mitte. Das Spiel kann jederzeit nach einer vollen Spielrunde enden. Gewinner ist, wer zum Schluss die meisten Punkte (nicht Karten) hat.

Memospiele 2 17

Spielgruppen von 2 bis 4 Schülern sind am besten. Die Karten werden verdeckt ausgelegt, die 16 Kartenpaare von Nr. 2 getrennt nach Namens- und Bildkarten, die je 20 Kartenpaare pro Teilspiel von Nr. 17 getrennt nach Namens- und Formelkarten. Der erste Spieler jeder Spielgruppe dreht je eine Karte um und behält sie, falls sie ein Paar bilden. Er spielt weiter, bis zwei Karten nicht zusammenpassen. Diese beiden Karten müssen für alle Mitspieler gut sichtbar sein, bevor sie verdeckt wieder an ihre Plätze zurückgelegt werden. Nun ist der nächste Spieler an der Reihe usw. Das Spiel endet, wenn alle Kartenpaare gefunden sind. Gewonnen hat, wer zum Schluss die meisten Kartenpaare besitzt.

SPIELE IM CHEMIEUNTERRICHT
Kopiervorlagen für die Sekundarstufe I – Bestell-Nr. 12 993

Spielregeln

Puzzlespiele 1 7 8 9

Diese Kopiervorlagen werden am besten an jeden Schüler ausgegeben, als Hausaufgabe bearbeitet und ins Chemieheft geklebt. Das Puzzlespiel Nr. 1 kann, da gut überschaubar, aber auch im Unterricht in Gruppen von bis zu 4 Schülern ausgeschnitten und zusammengesetzt werden, wenn genügend Scheren und Klebstifte vorhanden sind; bei den Spielen Nr. 7, Nr. 8 und Nr. 9 sind die vergleichsweise umfangreichen Texte auf den Puzzleteilen für mehr als 2 Schüler jedoch kaum hinreichend gut lesbar. An die Puzzlespiele, außer an Nr. 1, schließen sich noch Fragen an.

Quartettspiele 10 16 19

Spielgruppen ab 3 Schülern sind möglich, besser sind Gruppen von 4 bis 5 Schülern. Die gut gemischten Karten werden komplett an die Mitspieler verteilt, auch wenn einige Schüler dadurch eine Karte mehr erhalten. Die Spieler halten ihre Karten sortiert in der Hand (ohne Einblick durch die Mitspieler). Der Kartengeber beginnt und fragt einen beliebigen Mitspieler nach einer Karte, die ihm zu einem vollständigen Quartett noch fehlt. Hat der Gefragte die Karte, muss er sie dem Fragesteller geben; dieser fragt so lange beliebige Mitspieler weiter, bis einer die gewünschte Karte nicht besitzt. Der Gefragte wird nun seinerseits Fragesteller und ist so lange an der Reihe, bis auch er eine gewünschte Karte nicht erhalten kann usw. (Man darf nur nach Karten fragen, wenn man mindestens eine Karte des betreffenden Quartetts besitzt.) Es gewinnt, wer zum Schluss die meisten Quartette hat.
Die 14 Quartette von Nr. 19 reichen eventuell für 2 Spielgruppen. Vor dem Ablegen eines Quartetts dieses Spiels werden die Karten b, c und d vorgelesen.
Variante: Die Mitspielenden können auch verabreden, dass "räubern" erlaubt ist. Das bedeutet, dass sie auch dann nach einer Quartettkarte fragen dürfen, wenn sie noch keine Karte dieses Quartetts besitzen; bei gutem Zuhören ist das möglich.

Rätselgitter 6 13

Von den beiden Rätselgittern, die von jedem Schüler einzeln oder auch zu zweit oder dritt gelöst werden können, ist nur Nr. 13 ein "echtes" Rätsel. Das Rätselgitter Nr. 6 hat den Stellenwert einer Lösungshilfe, die die Reihenfolge der genannten Metalle eindeutig festlegt. Beim Verteilen der Namen kommt es auf eine vernünftige Lösungsstrategie an; der schnellste Spieler pro Spielgruppe bzw. die schnellste Spielgruppe der Klasse ist Sieger. Die Strategie besteht darin, zuerst das längste Wort (Quecksilber) einzutragen, dann die beiden nächstlangen mit gleicher Buchstabenanzahl (Magnesium, Aluminium), was nur auf eine einzige Weise möglich ist; die weiteren Beispiele folgen dann nach und nach. Das Notieren der Elementsymbole stellt eine zusätzliche Herausforderung für die Schüler dar.

SPIELE IM CHEMIEUNTERRICHT
Kopiervorlagen für die Sekundarstufe I – Bestell-Nr. 12 993

Spielregeln

Würfelspiele 4 14

Man spielt am besten zu viert. Jede Spielgruppe erhält 1 Spielplan, 1 Würfel, Spielfiguren in Zahl der Mitspieler und 42 vorbereitete, doppelseitig beschriftete Spielkarten mit Frage (Vorderseite) und zugehöriger Antwort (Rückseite). Die Karten werden mit der Frageseite nach oben in die Mitte des Tischs gelegt, gewürfelt wird der Reihe nach. Erreicht ein Spieler ein bereits besetztes Feld, platziert er seine Spielfigur unmittelbar davor, Herauswürfeln gibt es nicht. Wer auf ein dick eingerahmtes bzw. mit Fragezeichen versehenes Feld gelangt, nimmt eine Karte vom Stapel und liest die Frage vor. Beantwortet er sie richtig (durch anschließenden Vergleich mit der Kartenrückseite), erhält er die Karte; andernfalls legt er sie weg. Der nächste Mitspieler verfährt genauso, wenn er durch Würfeln ein markiertes Feld erreicht usw.

Bei Spiel Nr. 4 rücken die Mitspieler vom schwarzen Startfeld aus gemäß der gewürfelten Zahl stets im Uhrzeigersinn weiter, an Abzweigungen und Kreuzung können sie den Weg wählen. Ziel ist es, ein markiertes Feld zu erreichen und somit eine Karte ziehen zu können. (Die vier Startfelder an den Ecken des Spielplans gelten im Spielverlauf als "normale" Felder.) Das Spiel kann nach jeder vollen Spielrunde enden. Gewinner ist, wer dann die meisten Karten hat. Bei Spiel Nr. 14 gibt es auch Felder mit Pfeil. Erreicht ein Spieler ein solches Feld, rückt er auf den nächsten freien Platz vor. Es gewinnt, wer zuerst ins Ziel kommt. Wird weitergespielt, bis alle Spieler im Ziel sind, gewinnt außerdem noch derjenige mit den meisten Karten.

Zuordnungsspiele 3 20

Spielgruppen von 3 bis 4 Schülern sind am günstigsten. Die Spielidee ist, je zwei zusammengehörende Karten einander richtig zuzuordnen. Nr. 3 enthält 24 lückenhafte Aussagen zu chemischen Verfahren und Vorgängen sowie 24 passende Fachbegriffe, die die unvollständigen Aussagen vervollständigen sollen.

Nr. 20 besteht aus 48 halbierten Sätzen, die zu grammatisch richtigen und zugleich fachlich sinnvollen Aussagen zusammenzufügen sind. Ein vollständiges Spiel reicht hier für zwei Spielgruppen. Die je 12 Anfangs- und Anschlusskarten pro Kopiervorlage haben die gleiche Signatur (Punkt, Herz, Karo, Dreieck), um den Schülern das Zuordnen richtiger Satzhälften zu erleichtern. (Nonsense-Sätze sind dennoch möglich, gelten aber nicht als richtig.)

Spielverlauf: Die Karten mit den fehlenden Fachbegriffen (Nr. 3) bzw. dem jeweiligen Satzbeginn (Nr. 20) werden verdeckt in die Mitte gelegt, die zuzuordnenden Karten vollständig an die Mitspieler verteilt und von ihnen offen ausgelegt. Der erste Spieler nimmt eine Karte von der Mitte und liest sie vor. Wer die passende Ergänzung hat, liest sie ebenfalls vor und legt das Paar beiseite. Er nimmt nun seinerseits die nächste Teilkarte von der Mitte usw. Wer zuerst alle Anschlusskarten anlegen konnte, ist Gewinner.

SPIELE IM CHEMIEUNTERRICHT
Kopiervorlagen für die Sekundarstufe I – Bestell-Nr. 12 993

1 Elementsymbole

Puzzlespiel

Füge die 14 Puzzleteile so zusammen, dass sich die angegebenen Elementnamen und zugehörigen Elementsymbole genau gegenüberstehen. Notiere die Beispiele auch, getrennt nach Nichtmetallen und Metallen.

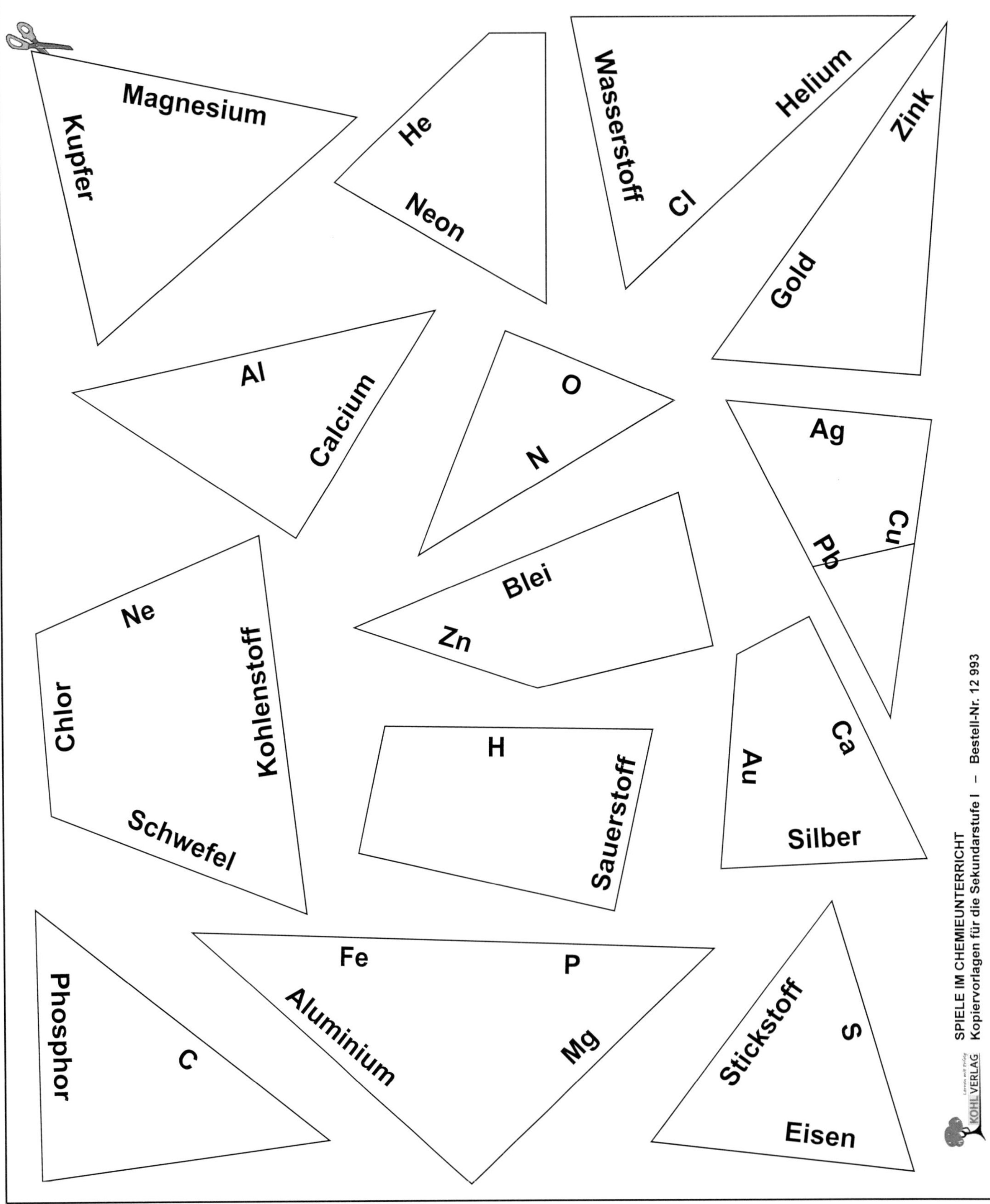

SPIELE IM CHEMIEUNTERRICHT
Kopiervorlagen für die Sekundarstufe I – Bestell-Nr. 12 993
KOHL VERLAG

Elementsymbole

Puzzlespiel (Lösung)

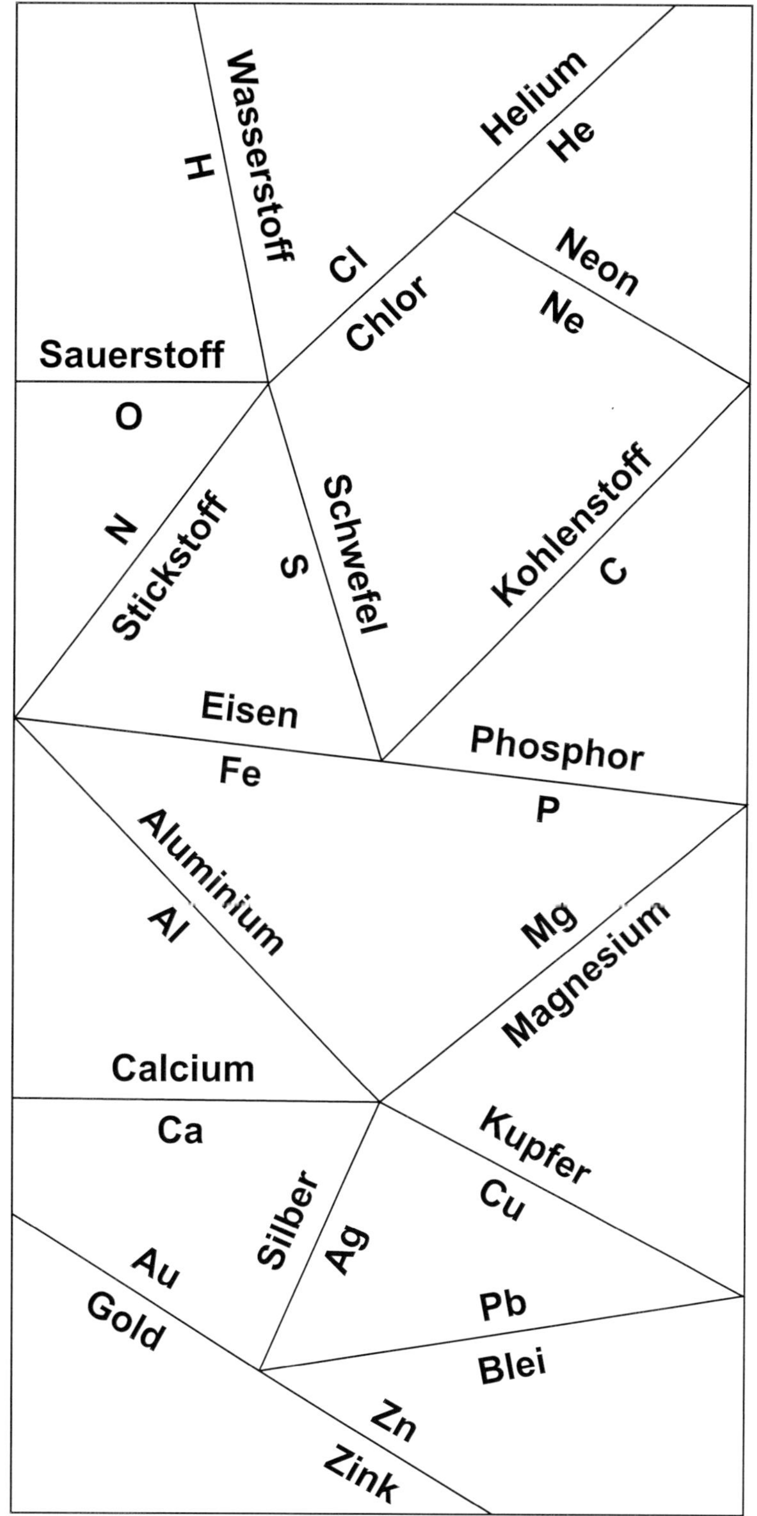

Nichtmetalle:

Wasserstoff	H
Helium	He
Sauerstoff	O
Chlor	Cl
Neon	Ne
Stickstoff	N
Schwefel	S
Kohlenstoff	C
Phosphor	P

Metalle:

Eisen	Fe
Aluminium	Al
Magnesium	Mg
Calcium	Ca
Kupfer	Cu
Gold	Au
Silber	Ag
Blei	Pb
Zink	Zn

SPIELE IM CHEMIEUNTERRICHT
Kopiervorlagen für die Sekundarstufe I – Bestell-Nr. 12 993
KOHL VERLAG

2 Laborgeräte

Memospiel

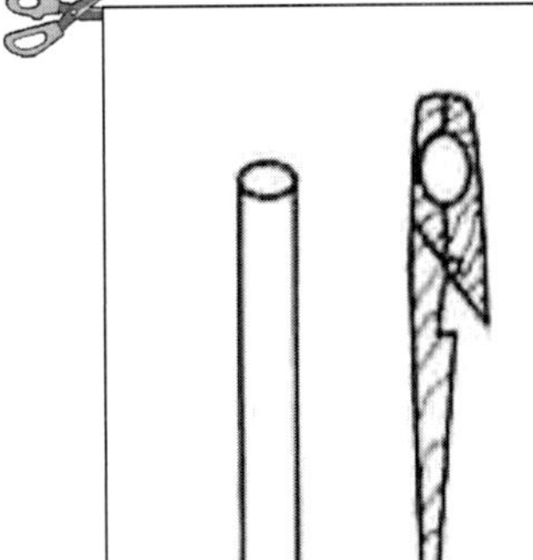	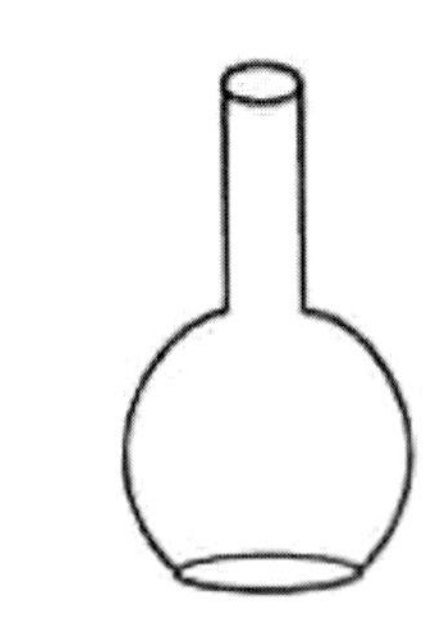	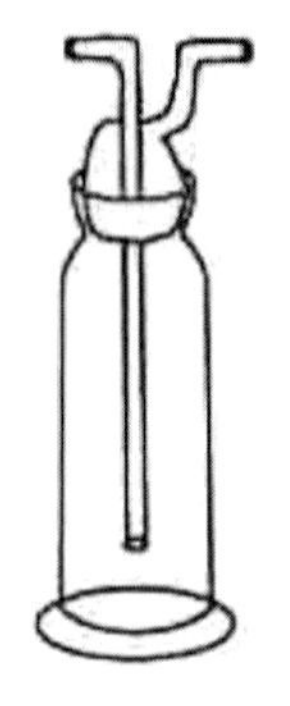	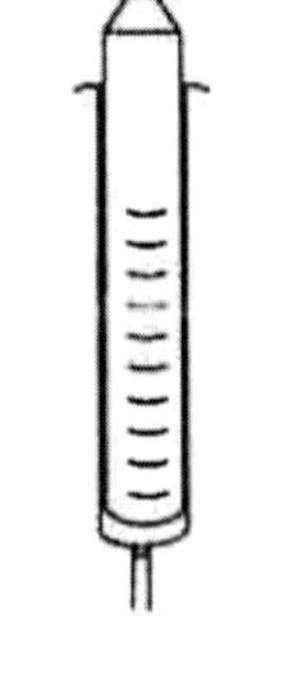
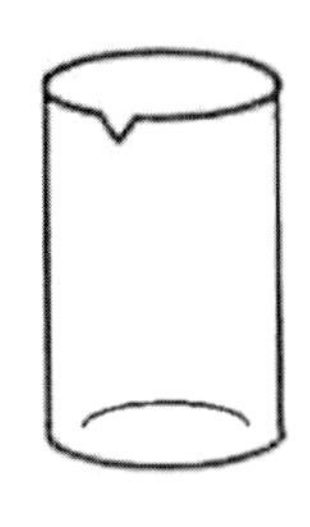	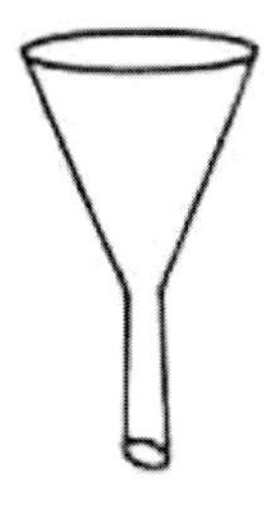	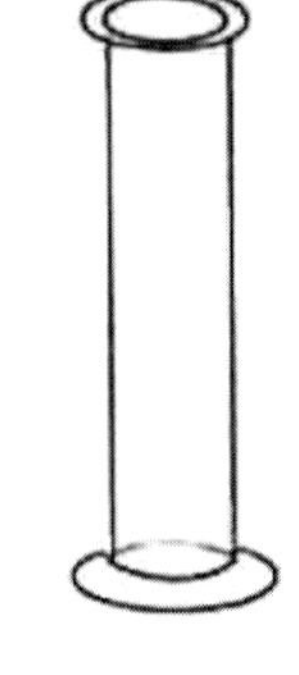	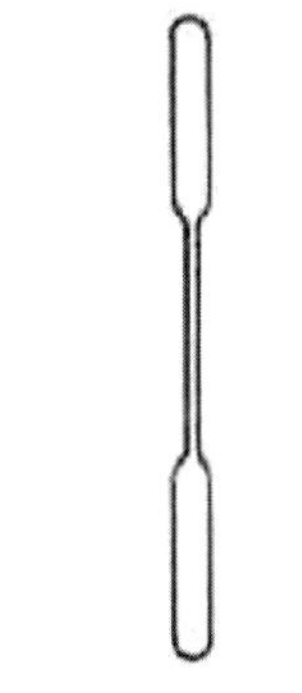
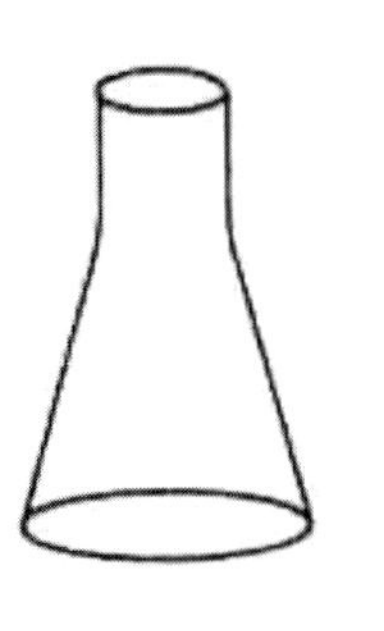	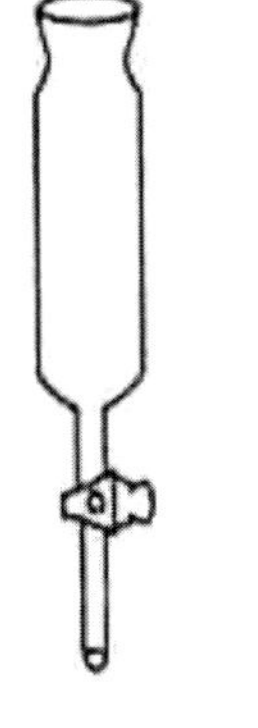	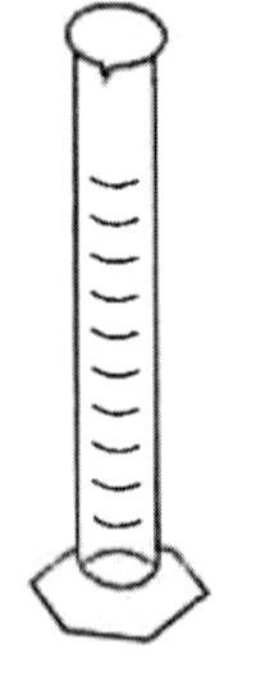	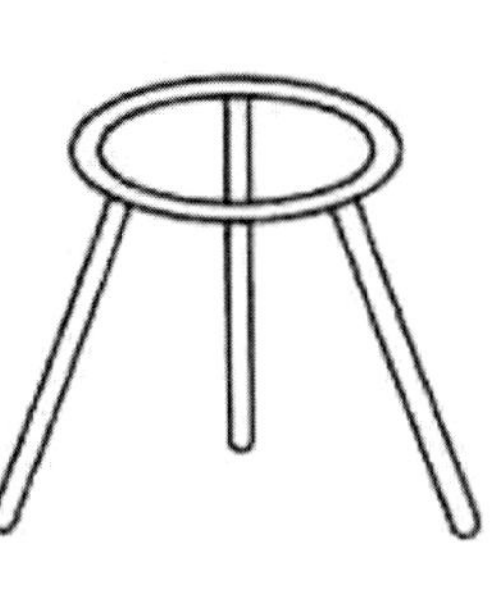
	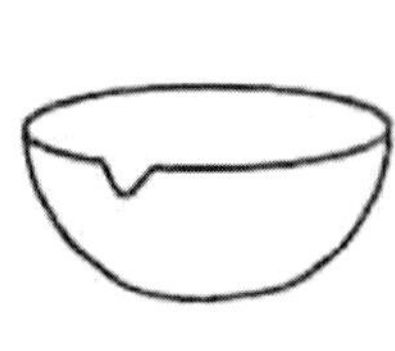	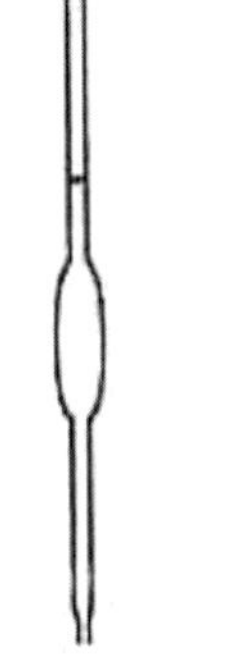	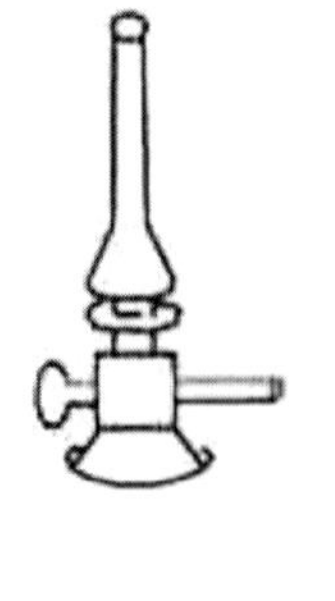

Laborgeräte

2

Memospiel

Reagenzglas, Reagenzglashalter	Stehkolben	Gaswaschflasche	Kolbenprober
Becherglas	Filtertrichter	Standzylinder	Doppelspatel
Erlenmeyerkolben	Tropftrichter	Messzylinder	Dreifuß
Rundkolben	Abdampfschale (Porzellanschale)	Vollpipette	Gasbrenner

SPIELE IM CHEMIEUNTERRICHT
Kopiervorlagen für die Sekundarstufe I – Bestell-Nr. 12 993

3 Fachbegriffe von A bis Z

Zuordnungsspiel

Aktivkohle wird dank ihrer großen inneren Oberfläche zum **XXX** giftiger Gase genutzt.	Farbstoffgemische kann man durch **XXX** in ihre Bestandteile zerlegen.	Das Abgießen einer Flüssigkeit von einem Bodensatz nennt man in der Fachsprache **XXX**.
Beim **XXX** verdünnten Alkohols reichert sich der Alkohol im Destillat an.	Wie schnell ein Gas **XXX** kann, hängt von der Masse und damit von der Beweglichkeit der Gasteilchen ab.	Wasser lässt sich durch **XXX** in seine Bestandteile zerlegen.
Spülmittel bewirken, dass sich Fettreste gut mit Wasser **XXX** lassen.	Das Herauslösen einer Substanz aus einem Feststoffgemisch durch ein Lösungsmittel nennt man **XXX**.	Suspensionen kann man durch **XXX** in ihre Bestandteile trennen.
Beim **XXX** wird ein Metallgegenstand mit einer Schicht eines anderen Metalls über-zogen.	Manche Stoffe können chemische Reaktionen allein durch ihre Anwesenheit **XXX**.	Gase lassen sich wegen der großen Abstände zwischen ihren Teilchen stark **XXX**.
Durch Abkühlung und/oder Druckerhöhung können Gase **XXX**.	Zum **XXX** von Lebens-mitteln gibt es viele Möglichkeiten, z. B. den Zusatz bestimmter Substanzen.	Von **XXX** spricht man, wenn sich Metalle in unerwünschter Weise an der Luft verändern.
Säuren und Laugen **XXX** sich, wenn man sie in passenden Men-gen zusammengibt.	Unedle Metalle **XXX** im Unterschied zu edleren Metallen sehr leicht.	Viele Kunststoffe entstehen durch **XXX** tausender kleiner Moleküle zu Riesen-molekülen.

Fachbegriffe von A bis Z

3

Zuordnungsspiel

Oft ist Aktivierungsenergie nötig, damit zwei Stoffe miteinander chemisch **XXX** können.	Um Metalle zu gewinnen, muss man die in der Natur vorkommenden oxidischen Erze **XXX**.	Wenig haltbare Emulsionen lassen sich durch bestimmte Zusatzstoffe **XXX**.
Eis und Iod sind Beispiele für Stoffe, die **XXX** können.	Unbekannte Konzentrationen von Lösungen kann man durch **XXX** mit Standardlösungen ermitteln.	Beim **XXX** einer Suspension oder Emulsion nutzt man die unterschiedlichen Dichten der Bestandteile.
ADSORBIEREN	**CHROMATOGRAFIEREN**	**DEKANTIEREN**
DESTILLIEREN	**DIFFUNDIEREN**	**ELEKTROLYSIEREN**
EMULGIEREN	**EXTRAHIEREN**	**FILTRIEREN**
GALVANISIEREN	**KATALYSIEREN**	**KOMPRIMIEREN**
KONDENSIEREN	**KONSERVIEREN**	**KORRODIEREN**
NEUTRALISIEREN	**OXIDIEREN**	**POLYMERISIEREN**
REAGIEREN	**REDUZIEREN**	**STABILISIEREN**
SUBLIMIEREN	**TITRIEREN**	**ZENTRIFUGIEREN**

SPIELE IM CHEMIEUNTERRICHT
Kopiervorlagen für die Sekundarstufe I – Bestell-Nr. 12 993

Würfelspiel

Pro Spielgruppe werden benötigt: ein Spielplan, ein Würfel, pro Mitspieler eine Spielfigur, 42 gefaltete und rückseitig zusammengeklebte Karten.

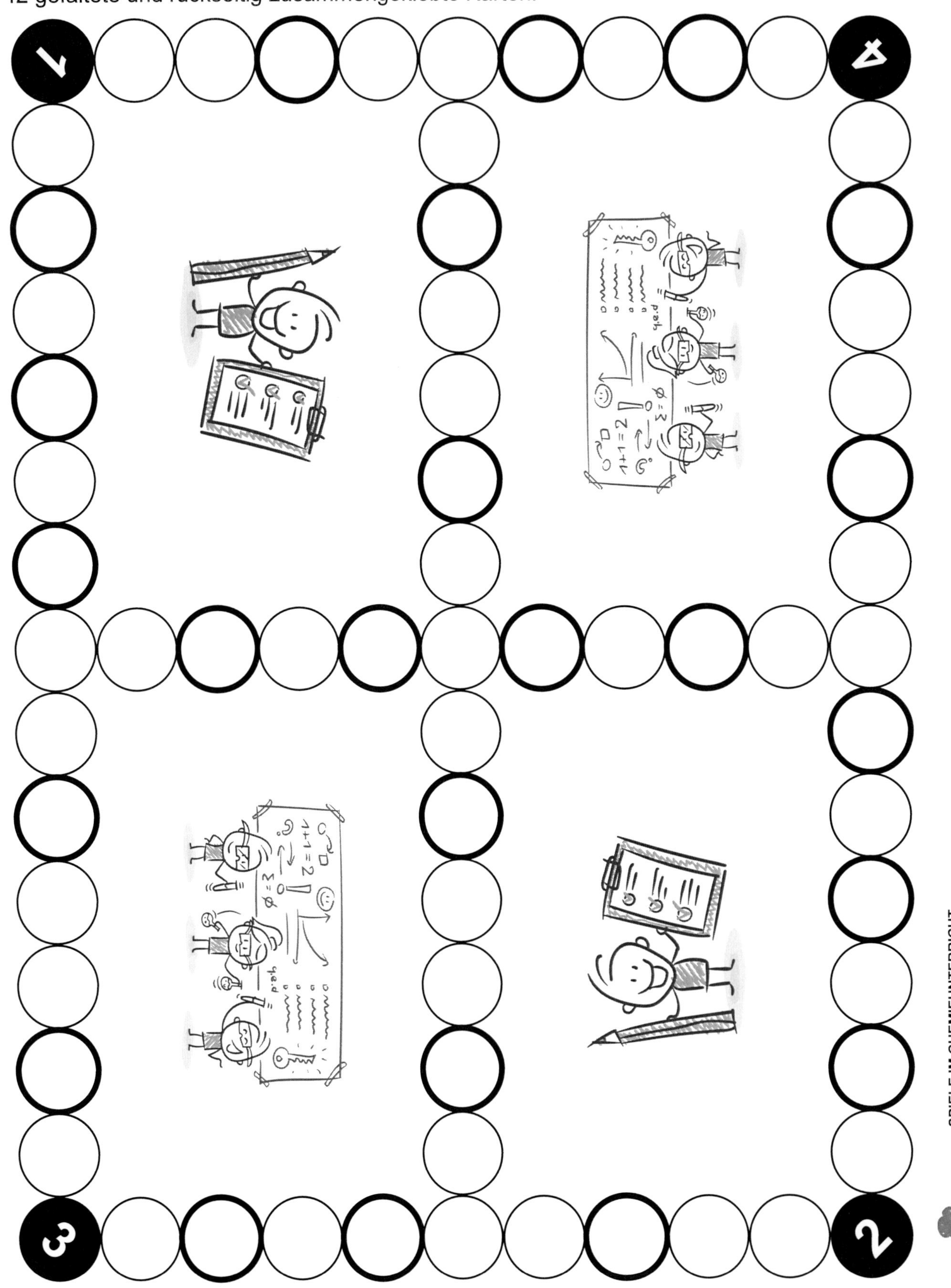

KOHL VERLAG SPIELE IM CHEMIEUNTERRICHT Kopiervorlagen für die Sekundarstufe I – Bestell-Nr. 12 993

Chemisches Grundwissen

4

Würfelspiel

(1) Woran erkennt man einen Stoff?	**Antwort:** an seinen Eigenschaften	(8) Wie ändert sich die Löslichkeit von Gasen in Flüssigkeiten mit steigender Temperatur?	**Antwort:** Sie nimmt ab.
(2) Welche Aggregatzustände unterscheidet man?	**Antwort:** fest, flüssig, gasförmig	(9) Was versteht man unter einem heterogenen Stoff?	**Antwort:** einen Stoff, der sichtbar aus mehreren Bestandteilen besteht
(3) Wie nennt man den Übergang vom gasförmigen in den flüssigen Aggregatzustand?	**Antwort:** Kondensation	(10) Wie nennt man einheitlich aussehende Stoffe?	**Antwort:** homogen
(4) Welche Zustandsänderung bezeichnet man als Sublimation?	**Antwort:** den Übergang vom festen in den gasförmigen Aggregatzustand	(11) Welche zwei Gruppen von Reinstoffen unterscheidet man?	**Antwort:** Elemente und Verbindungen
(5) Wie ändert sich der innere Aufbau von Feststoffen beim Schmelzen?	**Antwort:** Die Teilchen werden frei beweglich (verlassen ihre festen Plätze).	(12) Welche Stoffe kann man weder mit physikalischen noch chemischen Mitteln zerlegen?	**Antwort:** Elemente
(6) Warum kann man Gase leicht komprimieren?	**Antwort:** weil der Teilchenabstand groß ist.	(13) Woraus bestehen Emulsionen?	**Antwort:** aus nicht mischbaren Flüssigkeiten, von denen die eine in der anderen fein verteilt ist
(7) Was versteht man unter Diffusion?	**Antwort:** das Ausbreiten beweglicher Teilchen im zur Verfügung stehenden Raum	(14) Welche heterogenen Gemische kann man durch Filtrieren trennen?	**Antwort:** Suspensionen

SPIELE IM CHEMIEUNTERRICHT
Kopiervorlagen für die Sekundarstufe I – Bestell-Nr. 12 993
KOHL VERLAG

Würfelspiel

(15) Warum steigt die Siedetemperatur einer Lösung während des Siedens?	**Antwort:** weil der höher siedende Bestandteil sich in der Lösung anreichert	(22) Welches Gas ist in Mineralwasser gelöst?	**Antwort:** Kohlenstoffdioxid ("Kohlensäuregas")
(16) Was ist eine Legierung?	**Antwort:** ein homogenes Metallgemisch	(23) Welches sind die kleinsten Teilchen von Gasen? (2 Möglichkeiten)	**Antwort:** Atome oder Moleküle
(17) Welche dieser Metalle sind Legierungen: Bronze, Gold, Kupfer, Messing?	**Antwort:** Bronze und Messing	(24) Welches Gas weist man mit der Glimmspanprobe nach?	**Antwort:** Sauerstoff
(18) Welches ist das einzige bei Zimmertemperatur flüssige Metall?	**Antwort:** Quecksilber	(25) Wie nennt man die Reaktion eines Stoffs mit Sauerstoff?	**Antwort:** Oxidation
(19) Welches Gas ist mit rund 78% der Hauptbestandteil der Luft?	**Antwort:** Stickstoff	(26) Wie heißt die Umkehrung der Oxidation?	**Antwort:** Reduktion
(20) Womit werden Luftballons gefüllt?	**Antwort:** meist mit Helium	(27) Welches Metall rostet an feuchter Luft?	**Antwort:** Eisen
(21) Wie weist man Wasserstoff nach?	**Antwort:** mit der Knallgasprobe	(28) Welche Verbindung entsteht beim Zünden eines Gemischs aus Wasserstoff und Sauerstoff?	**Antwort:** Wasser

KOHL VERLAG SPIELE IM CHEMIEUNTERRICHT Kopiervorlagen für die Sekundarstufe I – Bestell-Nr. 12 993

Würfelspiel

(29) Was ist ein Molekül?	**Antwort:** ein fester Verbund aus mindestens zwei Atomen	(36) Was versteht man unter Aktivierungsenergie?	**Antwort:** die Energie, die zum Starten chemischer Reaktionen nötig ist
(30) Woraus bestehen Moleküle von Verbindungen mindestens?	**Antwort:** aus zwei verschiedenartigen Atomen	(37) Was ist ein Katalysator?	**Antwort:** ein Reaktions-beschleuniger, der unverändert bleibt
(31) Wie nennt man die Herstellung einer Verbindung?	**Antwort:** Synthese	(38) Was bedeutet: **a)** 2 H, **b)** H_2?	**Antwort:** **a)** 2 Atome Wasserstoff, **b)** 1 Molekül Wasserstoff
(32) Wie nennt man die Zerlegung einer Verbindung?	**Antwort:** Analyse	(39) Was bedeutet 3 O_2?	**Antwort:** 3 Moleküle Sauerstoff
(33) Was ist eine endotherme Reaktion?	**Antwort:** eine Reaktion, bei der ständig Wärme zugeführt werden muss	(40) Woraus besteht ein Wassermolekül?	**Antwort:** aus 2 Atomen Wasserstoff und 1 Atom Sauerstoff
(34) Wie nennt man eine Reaktion, bei der Wärme an die Umgebung abgegeben wird?	**Antwort:** exotherm	(41) Welches Gas hat Moleküle der Formel CO_2?	**Antwort:** Kohlenstoffdioxid
(35) Was besagt das Gesetz von der Erhaltung der Masse?	**Antwort:** Die Gesamtmasse der an einer Reaktion beteiligten Stoffe bleibt konstant.	(42) Welches Gas hat Moleküle der Formel N_2?	**Antwort:** Stickstoff

SPIELE IM CHEMIEUNTERRICHT
Kopiervorlagen für die Sekundarstufe I – Bestell-Nr. 12 993
KOHL VERLAG

5 Steckbriefe von Metallen

Dominospiel

Beschreibung	Metall	Beschreibung	Metall
rötliches Halbedelmetall, z. B. für elektrische Leitungen	Lithium	Leichtmetall, hellgrau, leicht entzündlich, brennt mit weißer Flamme	Messing
wichtigstes Gebrauchsmetall, Schwermetall, Gewinnung im Hochofen	Gold	silbergraue Legierung aus Eisen, Chrom und Nickel, sehr widerstandsfähig	Eisen
goldgelbe Legierung aus Kupfer und Zink	Platin	silbriges Edelmetall, schwerer als Gold	Quecksilber
weich, silbrig, für Ziergegenstände, Überzugsmetall für Weißblech	Aluminium	silbrig glänzendes Leichtmetall, z. B. Folien für Lebensmittel	Amalgam
Edelmetall, leichter als Gold, beste elektrische Leitfähigkeit aller Metalle	Titan	Alkalimetall, zunehmende Bedeutung für eine neue Akkugeneration	Magnesium
Edelmetall von gelblichem Aussehen	Kupfer	silbrig glänzendes Überzugsmetall für Armaturen, Bestandteil von Edelstahl	Edelstahl
sehr weiches Schwermetall, giftig, für Akkumulatoren, als Strahlenschutz	Bronze	Legierung, die Quecksilber enthält, z. B. für Zahnplomben	Blei
unedles Metall, hellgrau, für Regenrinnen, Überzugsmetall für Metallzäune	Zinn	zäh, schmiedbar, korrosionsbeständig; in hochhitzebeständigen Stählen	Zink
das einzige bei Zimmertemperatur flüssige Metall, giftig	Silber	goldbraune Legierung aus Kupfer und Zinn, seit ca. 5000 Jahren bekannt	Chrom

KOHL VERLAG

Steckbriefe von Metallen

5

Dominospiel (Lösung)

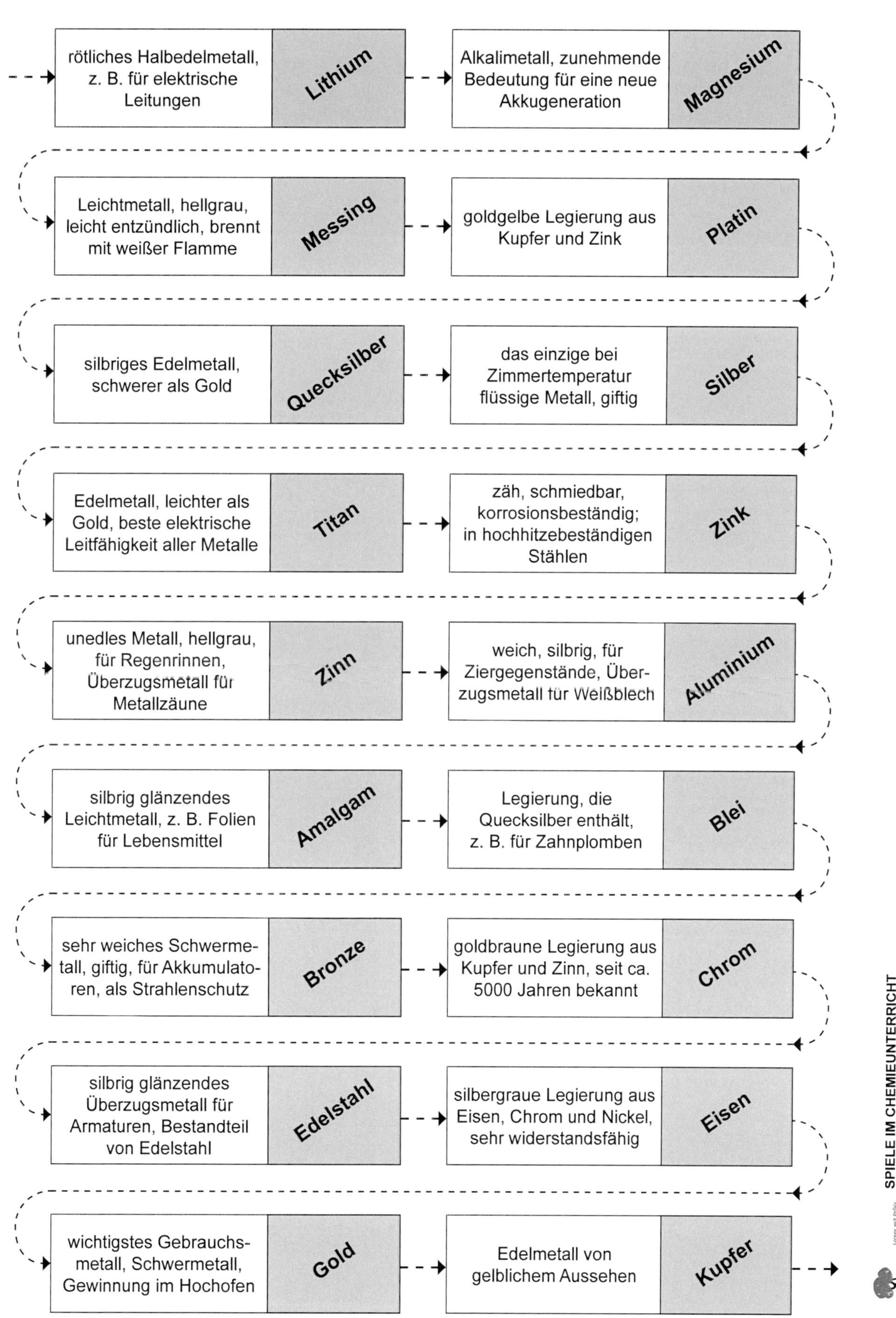

SPIELE IM CHEMIEUNTERRICHT
Kopiervorlagen für die Sekundarstufe I – Bestell-Nr. 12 993
KOHL VERLAG

6 Die Spannungsreihe der Metalle

Rätselgitter

Die Spannungs- oder Redoxreihe der Metalle geht auf Versuche des italienischen Physikers Volta zurück, dem es um 1800 als Erstem gelang (fußend auf Galvanis Beobachtungen an Froschschenkeln), aus je zwei miteinander verbundenen Metallen und einer Elektrolytlösung elektrochemische Gleichspannungsquellen, sog. galvanische Zellen, zu bauen. Die verwendeten Metalle (z. B. Zink und Kupfer bzw. Silber) ordnete er zu einer Reihe. Je weiter auseinander zwei Metalle in dieser Reihe standen, desto höher war die beobachtete Spannung.

Die auf experimentellem Wege um viele weitere Metalle ergänzte Spannungsreihe beginnt mit den unedlen (leicht oxidierbaren) Metallen; als gute Elektronendonatoren bilden sie in galvanischen Zellen den Minuspol. Die Reihe endet mit den (kaum oxidierbaren) Edelmetallen; in galvanischen Zellen fungieren sie als Pluspol. Wo in dieser Reihe die hier genannten Metalle stehen, kannst du mithilfe des Rätselgitters leicht herausfinden. Trage die Namen an den passenden Stellen ein und notiere unten für die so gefundene Reihenfolge die Elementsymbole.

ALUMINIUM
BLEI
CADMIUM
CALCIUM
CHROM
EISEN
GOLD
KALIUM
KUPFER
LITHIUM
MAGNESIUM
NATRIUM
NICKEL
PLATIN
QUECKSILBER
SILBER
ZINK
ZINN

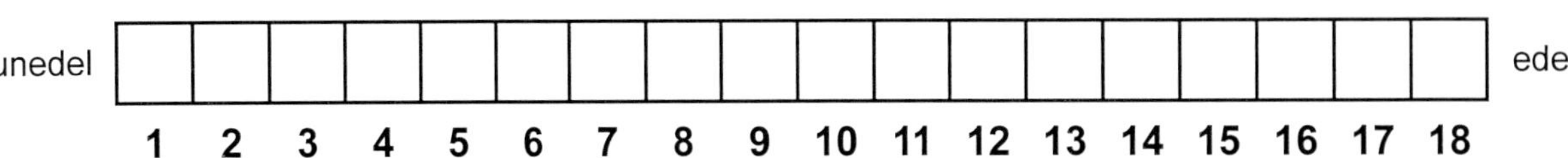

SPIELE IM CHEMIEUNTERRICHT
Kopiervorlagen für die Sekundarstufe I – Bestell-Nr. 12 993
KOHL VERLAG

Die Spannungsreihe der Metalle **6**

Rätselgitter (Lösung)

Eine Sortierung der Elementnamen nach Buchstabenanzahl erleichtert das zügige Einordnen in das Rätselgitter.

QUECKSILBER	11 Buchstaben
ALUMINIUM, MAGNESIUM	9 Buchstaben
CADMIUM, CALCIUM, LITHIUM, NATRIUM	7 Buchstaben
KALIUM, KUPFER, NICKEL, PLATIN, SILBER	6 Buchstaben
CHROM, EISEN	5 Buchstaben
BLEI, GOLD, ZINK, ZINN	4 Buchstaben

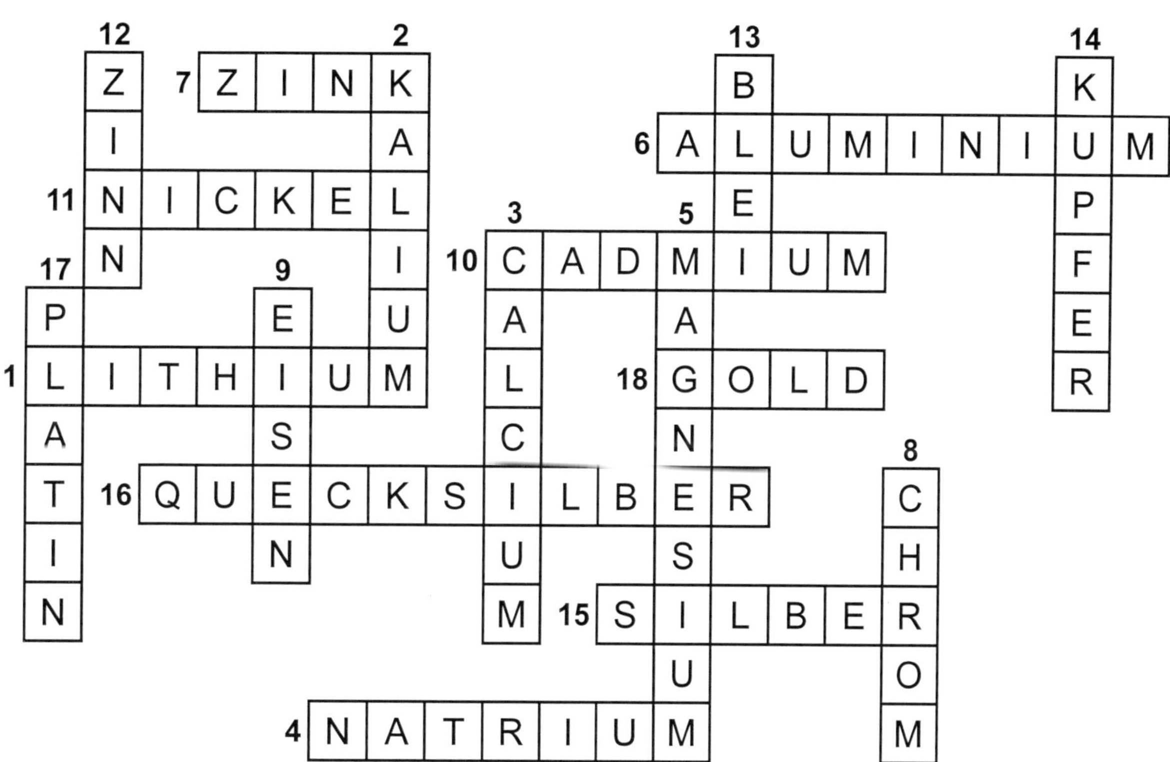

unedel	Li	K	Ca	Na	Mg	Al	Zn	Cr	Fe	Cd	Ni	Sn	Pb	Cu	Ag	Hg	Pt	Au	edel
	1	2	3	4	5	6	7	8	9	10	11	12	13	14	15	16	17	18	

SPIELE IM CHEMIEUNTERRICHT
Kopiervorlagen für die Sekundarstufe I – Bestell-Nr. 12 993
KOHL VERLAG

7 Wissenswertes über Sauerstoff

Puzzlespiel

Schneide die 24 Puzzleteile aus und klebe sie in der richtigen Reihenfolge fest (6 Reihen zu je 4 Puzzleteilen); die **grauen Flächen** ergeben das **Atomsymbol für Sauerstoff**. Beantworte dann anhand des fertigen Texts folgende Fragen:

1. Welches Gesetz fand Lavoisier, welches Hilfsmittel kam dabei erstmals zum Einsatz?
2. Wie viel % weniger Sauerstoff als die eingeatmete Luft enthält die von uns ausgeatmete?
3. Welche Lebewesen produzieren tagsüber Sauerstoff?
4. Woraus und durch welchen Vorgang gewinnt man in der Technik Sauerstoff?
5. Wo in der Atmosphäre befindet sich die Ozonschicht, inwiefern schützt sie uns?

entdeckt, unab- Bereits kurz Sauerstoffs für diese Vorgänge Hilfsmittel obachteten Mas-	Sauerstoff durch C. von Linde ent- tillieren flüs- -196 °C siedende siedende Sauer- Sauerstoff in oben	● **Sauerstoff** ist förmiges Element elementar als auch Gasgemisch, sind enthalten. Sauer- er unterhält die	flüssiger Luft, ren hergestellt chert sich im wohingegen der zurückbleibt. flaschen, in
brennbares gas- kommt sowohl dem bekanntesten 78 % Stickstoff) Dichte als Luft, probe weist man	ein farbloses, ge- und das häufigste in Verbindungen rund 21 % Sauer- stoff hat eine Verbrennung. Mit	nisch gewinnt man die durch ein von wird. Beim Des- Dampf der bei erst bei -183 °C Im Handel ist	senzunahme schloss tion eines Stoffs Grundgesetz, das Reaktion eines entstandene Ver- Wärme frei, oft
chemische Reak- 1. chemische Masse. ● Die Oxidation, die Oxidationen wird Oxidationen	denen das Gas Atmosphäre das Ozon. Es bil- Sauerstoff unter Ozonschicht einen sorbiert, schützt	nur noch 16 % stoffe im Körper recht erhalten. den Mensch und selbst. Fische Atmen. ● Tech-	brennung eine ist. Er fand das Erhaltung der stoff nennt man Oxid. Bei allen im Körper finden
Destillation wickeltes Verfah- siger Luft rei- Stickstoff an, stoff weitgehend weißen Stahl-	unter sehr hohem existiert noch det sich in 20 dem Einfluss der großen Teil der sie die Lebewesen	atmete Luft des rend des Atmens wird unsere Kör- produzieren tags- und nachts auch Wasser gelösten	ruchloses, nicht auf der Erde; er vor. In der Luft, stoff (und rund etwas größere der Glimmspan-
Menschen enthält werden die Nähr- pertemperatur auf- über Sauerstoff, die Pflanzen Sauerstoff zum	Druck steht. ● In eine andere Form bis 40 km Höhe Sonneneinstrah- energiereichen vor Schäden.	stoff wurde in von C. W. Scheele de Lavoisier die vorgänge erkannt. dabei erstmals Verbrennen von	er, dass die Ver- mit Sauerstoff Gesetz von der Stoffs mit Sauer- bindung ist ein auch Licht. Auch
den 1770er Jahren und J. Priestley. Bedeutung des Er untersuchte eine Waage als Stoffen stets be-	der oberen des Sauerstoffs, aus normalem lung. Da die UV-Strahlen ab-	statt, die ausge- Sauerstoff. Wäh- oxidiert, dadurch Grüne Pflanzen Tier benötigen nutzen den im	ihn nach. ● Sauer- hängig voneinander danach hat A. L. alle Verbrennungs- genauer und setzte ein. Aus der beim

SPIELE IM CHEMIEUNTERRICHT
Kopiervorlagen für die Sekundarstufe I – Bestell-Nr. 12 993
KOHL VERLAG

Wissenswertes über Sauerstoff

7

Puzzlespiel (Lösung)

● **Sauerstoff** ist förmiges Element elementar als auch Gasgemisch, sind enthalten. Sauer-er unterhält die	ein farbloses, ge- und das häufigste in Verbindungen rund 21 % Sauer-stoff hat eine Verbrennung. Mit	ruchloses, nicht auf der Erde; er vor. In der Luft, stoff (und rund etwas größere der Glimmspan-	brennbares gas-kommt sowohl dem bekanntesten 78 % Stickstoff) Dichte als Luft, probe weist man
ihn nach. ● Sauer-hängig voneinander danach hat A. L. alle Verbrennungs-genauer und setzte ein. Aus der beim	stoff wurde in von C. W. Scheele de Lavoisier die vorgänge erkannt. dabei erstmals Verbrennen von	den 1770er Jahren und J. Priestley. Bedeutung des Er untersuchte eine Waage als Stoffen stets be-	entdeckt, unab-Bereits kurz Sauerstoffs für diese Vorgänge Hilfsmittel obachteten Mas-
senzunahme schloss tion eines Stoffs Grundgesetz, das Reaktion eines entstandene Ver-Wärme frei, oft	er, dass die Ver-mit Sauerstoff Gesetz von der Stoffs mit Sauer-bindung ist ein auch Licht. Auch	brennung eine ist. Er fand das Erhaltung der stoff nennt man Oxid. Bei allen im Körper finden	chemische Reak-1. chemische Masse. ● Die Oxidation, die Oxidationen wird Oxidationen
statt, die ausge-Sauerstoff. Wäh-oxidiert, dadurch Grüne Pflanzen Tier benötigen nutzen den im	atmete Luft des rend des Atmens wird unsere Kör-produzieren tags-und nachts auch Wasser gelösten	Menschen enthält werden die Nähr-pertemperatur auf-über Sauerstoff, die Pflanzen Sauerstoff zum	nur noch 16 % stoffe im Körper recht erhalten. den Mensch und selbst. Fische Atmen. ● Toch-
nisch gewinnt man die durch ein von wird. Beim Des-Dampf der bei erst bei -183 °C Im Handel ist	Sauerstoff durch C. von Linde ent-tillieren flüs--196 °C siedende siedende Sauer-Sauerstoff in oben	Destillation wickeltes Verfah-siger Luft rei-Stickstoff an, stoff weitgehend weißen Stahl-	flüssiger Luft, ren hergestellt chert sich im wohingegen der zurückbleibt. flaschen, in
denen das Gas Atmosphäre das Ozon. Es bil-Sauerstoff unter Ozonschicht einen sorbiert, schützt	unter sehr hohem existiert noch det sich in 20 dem Einfluss der großen Teil der sie die Lebewesen	Druck steht. ● In eine andere Form bis 40 km Höhe Sonneneinstrah-energiereichen vor Schäden.	der oberen des Sauerstoffs, aus normalem lung. Da die UV-Strahlen ab-

Beantwortung der Zusatzfragen:

1. Er fand das Gesetz von der Erhaltung der Masse (1. chemisches Grundgesetz); die Waage kam erstmals zum Einsatz.
2. Die ausgeatmete Luft enthält 5 % weniger Sauerstoff (21 % - 16 %) als die eingeatmete.
3. Grüne Pflanzen produzieren tagsüber Sauerstoff.
4. Man gewinnt ihn aus flüssiger Luft durch Destillation.
5. Sie befindet sich in 20 bis 40 km Höhe, sie absorbiert energiereiche UV-Strahlen (UV-B).

SPIELE IM CHEMIEUNTERRICHT
Kopiervorlagen für die Sekundarstufe I – Bestell-Nr. 12 993

8 Wissenswertes über Wasserstoff

Puzzlespiel

Schneide die 24 Puzzleteile aus und klebe sie in der richtigen Reihenfolge fest (6 Reihen zu je 4 Puzzleteilen); die **grauen Flächen** ergeben das **Atomsymbol für Wasserstoff**. Beantworte dann anhand des fertigen Texts folgende Fragen:

1. Welcher Stoff entsteht bei der Knallgasreaktion, welche Gemische reagieren am heftigsten?
2. In welcher Form kommt Wasserstoff im Weltall vor und in welcher auf der Erde?
3. Woran erkennt man Wasserstoffflaschen? (Gib 2 Merkmale an.)
4. Welche Eigenschaft macht Wasserstoff zu einem guten Reduktionsmittel?
5. Warum gilt Wasserstoff als bedeutender Energieträger der Zukunft? (Nenne 3 Gründe.)

industrieller barkeit ist Was- bei der Oxidation stoff umwelt- der unerschöpfli- gilt Wasserstoff	● **Wasserstoff** ist gasförmige Element brennt mit schwach nicht. Gemische aus explosiv, sie wer- reagieren Gemische	hem Druck steht. schlüsse dieser gewinde. Im Labor tallen, etwa Zink- legung von Wasser serstoff wird zur	tels Solartechnik stoff von Raketen (bei Sauerstoff- wurde er wegen und Luftschiffe mehr geschieht.
Energieträger der den kann. Er wird im Knallgasgebläse Schneiden von Me- Dichte als Füll- aber unfallbedingt	thermen Reaktion dukt, Wasserstoff- mit der Knallgas- im Weltall. Die elementarem Was- Erde bis auf	erschlossen wer- verwendet und überschuss) der geringen verwendet, was	Um Verwechslun- Stahlflaschen im kann man Wasser- perlen, mit Säu- in Wasserstoff Herstellung un-
er unter sehr ho- ßen, haben die An- anderen ein Links- Reaktion von Me- elektrische Zer- gewinnen. ● Was-	Wegen seiner ein gutes Reduk- viel Energie brennt und für der Erde zur bedeutender	Zukunft, der z.B. mit- auch als Treib- zum Schweißen und tallen. Früher gas für Ballone schon lange nicht	hauptsächlich im Säuren und in von dem Engländer und Säuren ent- nach verschiede- kommt Wasserstoff
terschiedlichster leichten Oxidier- tionsmittel. Da frei wird, Wasser- seine Gewinnung Verfügung steht,	geringsten Dichte ruchlos und hoch- unterhält aber Sauerstoff oder bezeichnet; be- len Wasserstoff	wird der Wasser- oxid, ist Was- probe. ● Was- Sonne und die serstoff. Dage- Spuren in der	überhaupt. Das entzündlich, es Verbrennungen Luft sind hoch- sonders heftig und einen Raum-
gebunden vor – Stoffen, z. B. in stoff wurde 1766 geben von Metallen man Wasserstoff ser. In den Handel	flaschen, in denen gen auszuschlie- Unterschied zu stoff z. B. durch ren oder durch und Sauerstoff	teil Sauerstoff. stoff oxidiert; ser. Nachgewiesen serstoff ist das Fixsterne bestehen gen kommt Wasser-	Produkte genutzt. serstoff zudem von Wasserstoff freundlich ver- che Wasservorrat zunehmend als
der Stoff mit der ist farblos, ge- blauer Flamme, Wasserstoff und den als Knallgas aus zwei Raumtei-	Wasser, aber fossilen Brenn- H. Cavendish deckt. ● Groß- nen Verfahren, in oben roten Stahl-	Bei der stark exo- das Reaktionspro- wird Wasserstoff häufigste Element großenteils aus stoff auf der	Atmosphäre nur auch in anderen stoffen. Wasser- beim Zusammen- technisch gewinnt vor allem aus Was-

SPIELE IM CHEMIEUNTERRICHT
Kopiervorlagen für die Sekundarstufe I – Bestell-Nr. 12 993

Wissenswertes über Wasserstoff **8**

Puzzlespiel (Lösung)

● **Wasserstoff** ist gasförmige Element brennt mit schwach nicht. Gemische aus explosiv, sie wer- reagieren Gemische	der Stoff mit der ist farblos, ge- blauer Flamme, Wasserstoff und den als Knallgas aus zwei Raumtei-	geringsten Dichte ruchlos und hoch- unterhält aber Sauerstoff oder bezeichnet; be- len Wasserstoff	überhaupt. Das entzündlich, es Verbrennungen Luft sind hoch- sonders heftig und einen Raum-
teil Sauerstoff. stoff oxidiert; ser. Nachgewiesen serstoff ist das Fixsterne bestehen gen kommt Wasser-	Bei der stark exo- das Reaktionspro- wird Wasserstoff häufigste Element großenteils aus stoff auf der	thermen Reaktion dukt, Wasserstoff- mit der Knallgas- im Weltall. Die elementarem Was- Erde bis auf	wird der Wasser- oxid, ist Was- probe. ● Was- Sonne und die serstoff. Dage- Spuren in der
Atmosphäre nur auch in anderen stoffen. Wasser- beim Zusammen- technisch gewinnt vor allem aus Was-	gebunden vor – Stoffen, z. B. in stoff wurde 1766 geben von Metallen man Wasserstoff ser. In den Handel	hauptsächlich im Säuren und in von dem Engländer und Säuren ent- nach verschiede- kommt Wasserstoff	Wasser, aber fossilen Brenn- H. Cavendish deckt. ● Groß- nen Verfahren, in oben roten Stahl-
flaschen, in denen gen auszuschlie- Unterschied zu stoff z. B. durch ren oder durch und Sauerstoff	er unter sehr ho- ßen, haben die An- anderen ein Links- Reaktion von Me- elektrische Zer- gewinnen. ● Was-	hem Druck steht. schlüsse dieser gewinde. Im Labor tallen, etwa Zink- legung von Wasser serstoff wird zur	Um Verwechslun- Stahlflaschen im kann man Wasser- perlen, mit Säu- in Wasserstoff Herstellung un-
terschiedlichster leichten Oxidier- tionsmittel. Da frei wird, Wasser- seine Gewinnung Verfügung steht,	industrieller barkeit ist Was- bei der Oxidation stoff umwelt- der unerschöpfli- gilt Wasserstoff	Produkte genutzt. serstoff zudem von Wasserstoff freundlich ver- che Wasservorrat zunehmend als	Wegen seiner ein gutes Reduk- viel Energie brennt und für der Erde zur bedeutender
Energieträger der den kann. Er wird im Knallgasgebläse Schneiden von Me- Dichte als Füll- aber unfallbedingt	Zukunft, der z.B. mit- auch als Treib- zum Schweißen und tallen. Früher gas für Ballone schon lange nicht	tels Solartechnik stoff von Raketen (bei Sauerstoff- wurde er wegen und Luftschiffe mehr geschieht.	erschlossen wer- verwendet und überschuss) der geringen verwendet, was

Beantwortung der Zusatzfragen:

1. Bei der Knallgasexplosion entsteht Wasser; Gemische aus zwei Raumteilen Wasserstoff und einem Raumteil Sauerstoff reagieren am heftigsten.
2. Im Weltall kommt Wasserstoff elementar vor, auf der Erde fast nur gebunden.
3. Wasserstoffflaschen sind oben rot (Schulterfarbe rot) und haben ein Linksgewinde.
4. Die leichte Oxidierbarkeit macht Wasserstoff zu einem guten Reduktionsmittel.
5. Bei der Oxidation wird viel Energie frei; Wasserstoff verbrennt umweltfreundlich; der Vorrat an Wasser zu seiner Gewinnung ist unerschöpflich.

9 Wissenswertes über Stickstoff

Puzzlespiel

Schneide die 24 Puzzleteile aus und **klebe** sie in der richtigen Reihenfolge fest (6 Reihen zu je 4 Puzzle-Teilen), die grauen Flächen helfen beim Sortieren; inwiefern? **Beantworte** anschließend anhand des fertigen Texts folgende Fragen zu Stickstoff (A) und zur Fixierung von Luftstickstoff (B):

A 1. Worauf ist die Reaktionsträgheit des Stickstoffs zurückzuführen?
2. Wo reichert sich der Stickstoff bei der Destillation flüssiger Luft an und warum?
3. Wofür wird elementarer Stickstoff genutzt? (Nenne 3 Beispiele.)
4. Auf welche beiden stickstoffhaltigen Vorkommen war man früher angewiesen?

B 1. Welche Bodenbakterien können Luftstickstoff verstoffwechseln und so bestimmten Pflanzen zugänglich machen?
2. Welche zwei Stickstoffverbindungen entstehen bei Gewitter im Blitzkanal? ,
3. Wie heißt das technische Verfahren zur Ammoniaksynthese aus Luftstickstoff und Wasserstoff?
4. Für welche Chemikalien und Produktgruppen ist Ammoniak die Basis? (Nenne je 2 Beispiele.)

angewiesen. Pflan- den, manche aber zeln (z. B. Hülsen- stoff im Blitzka- das mit dem Regen Nitrat- und Ammo-	● **Stickstoff**, mit farbloses, geruch- gen Stickstoffmo- Technisch gewinnt siger Luft; da chert er sich in	die Zufuhr pflanz- Luftstickstoff von Knöllchenbak- Bei Gewitter rea- stoffmonooxid zu in den Boden ge-	von 1908 bis 1913 these durch Reak- Wasser, heute zu- erschöpflichen stoffverbindungen stoffe, Farbstoffe,
importiert. Das zur Ammoniaksyn- Wasserstoff (aus die Luft als un- gung von Stick- sivstoffe, Kunst-	zen können den indirekt mithilfe früchte, Klee). nal über Stick- als Salpetersäure niumionen ergibt;	pflanzenverfügbar. lauf von Stick- den Stickstoff- Herstellung von hunderts als ab- (Natriumnitrat)	lichen Eiweißes nicht direkt bin- terien in den Wur- giert Luftstick- Stickstoffdioxid, langt und dort
entfällt auf die Chemikalien wie terschiedliche Stickstoff vor, rische Organismus anorganischen	entweder in Druck- digen Tankfahrzeu- als Schutzgas und in der Kryotechnik kühlkost), zur von Werkstoffen.	In der unbeein- stoff bindenden mangel abgeernte- Sprengstoffen bauwürdige Stick- zur Verfügung;	so gebunden ist er besteht ein Kreis- Prozessen. ● Um beheben sowie zur ginn des 20. Jahr- Chilesalpeter
78,1% Hauptbe- loses Gas. Die lekülen bewirkt man Stickstoff vor Stickstoff niedri- der Gasphase an.	flussten Natur und freisetzenden ter Ackerböden zu stand bis zu Be- stoffquelle nur außerdem wurde	die aus doppelwan- ● Stickstoff wird von Flugzeugreifen, bensmitteln (Tief- der Bearbeitung Menschen genutzten	niaksynthese und Nitrate und Ammo- lebenden Zellen in der Erbsub- Bausteine der Ei- kann, ist er auf
Luft, ist ein in den zweiatomi- heit des Elements. stillation flüs- Sauerstoff, rei- kommt Stickstoff	industrielle Ammo- Salpetersäure, Zwecke. ● In allen z. B. im Eiweiß und Aminosäuren, die Stoffen herstellen	als Flüssigkeit, abgefüllt wird. auch zum Füllen gefrieren von Le- scher Proben, bei Anteil des vom	Guano aus Peru Bosch-Verfahren stickstoff mit than) erschloss für die Erzeu- raldünger, Explo-
Luftstickstoffs daraus gewonnene niumsalze für un- kommt gebundener stanz. Da der tie- weiße, nicht aus	standteil der Dreifachbindung die Reaktionsträg- allem durch De- ger siedet als In den Handel	entwickelte Haber- tion von Luft- nehmend aus Me- Stickstoffvorrat aller Art (Mine- Medikamente).	gasflaschen oder gen in Dewargefäße Treibgas genutzt, z. B. zum Schock- Lagerung biologi- Der weitaus größte

KOHL VERLAG SPIELE IM CHEMIEUNTERRICHT Kopiervorlagen für die Sekundarstufe I – Bestell-Nr. 12 993

Wissenswertes über Stickstoff

9

Ein Puzzlespiel (Lösung)

● **Stickstoff**, mit farbloses, geruch- gen Stickstoffmo- Technisch gewinnt siger Luft; da chert er sich in	78,1% Hauptbe- loses Gas. Die lekülen bewirkt man Stickstoff vor Stickstoff niedri- der Gasphase an.	standteil der Dreifachbindung die Reaktionsträg- allem durch De- ger siedet als In den Handel	Luft, ist ein in den zweiatomi- heit des Elements. stillation flüs- Sauerstoff, rei- kommt Stickstoff
entweder in Druck- digen Tankfahrzeu- als Schutzgas und in der Kryotechnik kühlkost), zur von Werkstoffen.	gasflaschen oder gen in Dewargefäße Treibgas genutzt, z. B. zum Schock- Lagerung biologi- Der weitaus größte	als Flüssigkeit, abgefüllt wird. auch zum Füllen gefrieren von Le- scher Proben, bei Anteil des vom	die aus doppelwan- ● Stickstoff wird von Flugzeugreifen, bensmitteln (Tief- der Bearbeitung Menschen genutzten
Luftstickstoffs daraus gewonnene niumsalze für un- kommt gebundener stanz. Da der tie- weiße, nicht aus	entfällt auf die Chemikalien wie terschiedliche Stickstoff vor, rische Organismus anorganischen	industrielle Ammo- Salpetersäure, Zwecke. ● In allen z. B. im Eiweiß und Aminosäuren, die Stoffen herstellen	niaksynthese und Nitrate und Ammo- lebenden Zellen in der Erbsub- Bausteine der Ei- kann, ist er auf
die Zufuhr pflanz- Luftstickstoff von Knöllchenbak- Bei Gewitter rea- stoffmonooxid zu in den Boden ge-	lichen Eiweißes nicht direkt bin- terien in den Wur- giert Luftstick- Stickstoffdioxid, langt und dort	angewiesen. Pflan- den, manche aber zeln (z. B. Hülsen- stoff im Blitzka- das mit dem Regen Nitrat- und Ammo-	zen können den indirekt mithilfe früchte, Klee). nal über Stick- als Salpetersäure niumionen ergibt;
so gebunden ist er besteht ein Kreis- Prozessen. ● Um beheben sowie zur ginn des 20. Jahr- Chilesalpeter	pflanzenverfügbar. lauf von Stick- den Stickstoff- Herstellung von hunderts als ab- (Natriumnitrat)	In der unbeein- stoff bindenden mangel abgeernte- Sprengstoffen bauwürdige Stick- zur Verfügung;	flussten Natur und freisetzenden ter Ackerböden zu stand bis zu Be- stoffquelle nur außerdem wurde
Guano aus Peru Bosch-Verfahren stickstoff mit than) erschloss für die Erzeu- raldünger, Explo-	importiert. Das zur Ammoniaksyn- Wasserstoff (aus die Luft als un- gung von Stick- sivstoffe, Kunst-	von 1908 bis 1913 these durch Reak- Wasser, heute zu- erschöpflichen stoffverbindungen stoffe, Farbstoffe,	entwickelte Haber- tion von Luft- nehmend aus Me- Stickstoffvorrat aller Art (Mine- Medikamente).

Beantwortung der Zusatzfragen:

A **1.** Die Reaktionsträgheit beruht auf der Dreifachbindung in den Stickstoffmolekülen.
2. Er reichert sich in der Gasphase an; er siedet niedriger als Sauerstoff.
3. Elementarer Stickstoff wird genutzt z. B. als Schutzgas, in der Kryotechnik, zur Ammoniaksynthese.
4. Man war angewiesen auf Chilesalpeter und Guano aus Peru.

B **1.** Es sind Knöllchenbakterien.
2. Bei Gewitter entstehen im Blitzkanal Stickstoffmonooxid und Stickstoffdioxid.
3. Das technische Verfahren heißt Haber-Bosch-Verfahren.
4. Stickstoff ist die Basis z. B. für Salpetersäure und Nitrate, Mineraldünger und Explosivstoffe.

SPIELE IM CHEMIEUNTERRICHT
Kopiervorlagen für die Sekundarstufe I – Bestell-Nr. 12 993

10 Anorganische Säuren und Laugen

Quartettspiel

1 Säuren

- (a) Salzsäure
- (b) Formel: HCl_{aq}
- (c) Salze: Chloride
- (d) Beispiel: NaCl

2 Säuren

- (a) Kohlensäure
- (b) Formel: $H_2CO_{3\,aq}$
- (c) Salze: Carbonate
- (d) Beispiel: $CaCO_3$

3 Säuren

- (a) Schwefelsäure
- (b) Formel: H_2SO_4
- (c) Salze: Sulfate
- (d) Beispiel: Na_2SO_4

4 Säuren

- (a) Salpetersäure
- (b) Formel: HNO_3
- (c) Salze: Nitrate
- (d) Beispiel: $AgNO_3$

5 Säuren

- (a) Phosphorsäure
- (b) Formel: H_3PO_4
- (c) Salze: Phosphate
- (d) Beispiel: $AlPO_4$

6 Säuren

- (a) Schweflige Säure
- (b) Formel: H_2SO_3
- (c) Salze: Sulfite
- (d) Beispiel: Na_2SO_3

7 Säuren

- (a) Salpetrige Säure
- (b) Formel: HNO_2
- (c) Salze: Nitrite
- (d) Beispiel: KNO_2

8 Laugen

- (a) Natronlauge
- (b) Formel: $NaOH_{aq}$
- (c) Kalilauge
- (d) Beispiel: KOH_{aq}

9 Laugen

- (a) Kalkwasser
- (b) Formel: $Ca(OH)_{2\,aq}$
- (c) Salmiakgeist
- (d) Beispiel: NH_4OH_{aq}

SPIELE IM CHEMIEUNTERRICHT
Kopiervorlagen für die Sekundarstufe I – Bestell-Nr. 12 993

Anorganische Säuren und Laugen

10

Quartettspiel

1 Säuren	**2 Säuren**	**3 Säuren**
(a) Salzsäure	(a) Kohlensäure	(a) Schwefelsäure
(b) Formel: HCl_{aq}	(b) Formel: $H_2CO_{3\,aq}$	(b) Formel: H_2SO_4
(c) Salze: Chloride	(c) Salze: Carbonate	(c) Salze: Sulfate
(d) Beispiel: NaCl	(d) Beispiel: $CaCO_3$	(d) Beispiel: Na_2SO_4

4 Säuren	**5 Säuren**	**6 Säuren**
(a) Salpetersäure	(a) Phosphorsäure	(a) Schweflige Säure
(b) Formel: HNO_3	(b) Formel: H_3PO_4	(b) Formel: H_2SO_3
(c) Salze: Nitrate	(c) Salze: Phosphate	(c) Salze: Sulfite
(d) Beispiel: $AgNO_3$	(d) Beispiel: $AlPO_4$	(d) Beispiel: Na_2SO_3

7 Säuren	**8 Laugen**	**9 Laugen**
(a) Salpetrige Säure	(a) Natronlauge	(a) Kalkwasser
(b) Formel: HNO_2	(b) Formel: $NaOH_{aq}$	(b) Formel: $Ca(OH)_{2\,aq}$
(c) Salze: Nitrite	(c) Kalilauge	(c) Salmiakgeist
(d) Beispiel: KNO_2	(d) Beispiel: KOH_{aq}	(d) Beispiel: NH_4OH_{aq}

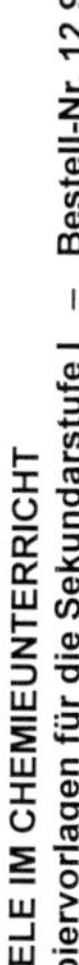
SPIELE IM CHEMIEUNTERRICHT
Kopiervorlagen für die Sekundarstufe I – Bestell-Nr. 12 993

10 Anorganische Säuren und Laugen

Quartettspiel

1 Säuren	**2 Säuren**	**3 Säuren**
(a) Salzsäure	(a) Kohlensäure	(a) Schwefelsäure
(b) Formel: HCl_{aq}	(b) Formel: $H_2CO_{3\,aq}$	(b) Formel: H_2SO_4
(c) Salze: Chloride	(c) Salze: Carbonate	(c) Salze: Sulfate
(d) Beispiel: $NaCl$	(d) Beispiel: $CaCO_3$	(d) Beispiel: Na_2SO_4

4 Säuren	**5 Säuren**	**6 Säuren**
(a) Salpetersäure	(a) Phosphorsäure	(a) Schweflige Säure
(b) Formel: HNO_3	(b) Formel: H_3PO_4	(b) Formel: H_2SO_3
(c) Salze: Nitrate	(c) Salze: Phosphate	(c) Salze: Sulfite
(d) Beispiel: $AgNO_3$	(d) Beispiel: $AlPO_4$	(d) Beispiel: Na_2SO_3

7 Säuren	**8 Laugen**	**9 Laugen**
(a) Salpetrige Säure	(a) Natronlauge	(a) Kalkwasser
(b) Formel: HNO_2	(b) Formel: $NaOH_{aq}$	(b) Formel: $Ca(OH)_{2\,aq}$
(c) Salze: Nitrite	(c) Kalilauge	(c) Salmiakgeist
(d) Beispiel: KNO_2	(d) Beispiel: KOH_{aq}	(d) Beispiel: NH_4OH_{aq}

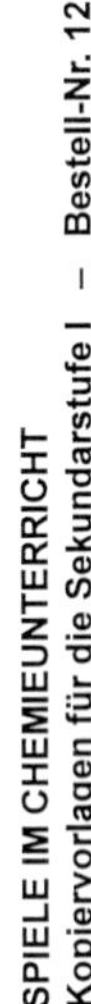
SPIELE IM CHEMIEUNTERRICHT
Kopiervorlagen für die Sekundarstufe I – Bestell-Nr. 12 993

Anorganische Säuren und Laugen

10

Quartettspiel

1 Säuren
- (a) Salzsäure
- (b) Formel: HCl_{aq}
- (c) Salze: Chloride
- (d) Beispiel: $NaCl$

2 Säuren
- (a) Kohlensäure
- (b) Formel: $H_2CO_{3\,aq}$
- (c) Salze: Carbonate
- (d) Beispiel: $CaCO_3$

3 Säuren
- (a) Schwefelsäure
- (b) Formel: H_2SO_4
- (c) Salze: Sulfate
- (d) Beispiel: Na_2SO_4

4 Säuren
- (a) Salpetersäure
- (b) Formel: HNO_3
- (c) Salze: Nitrate
- (d) Beispiel: $AgNO_3$

5 Säuren
- (a) Phosphorsäure
- (b) Formel: H_3PO_4
- (c) Salze: Phosphate
- (d) Beispiel: $AlPO_4$

6 Säuren
- (a) Schweflige Säure
- (b) Formel: H_2SO_3
- (c) Salze: Sulfite
- (d) Beispiel: Na_2SO_3

7 Säuren
- (a) Salpetrige Säure
- (b) Formel: HNO_2
- (c) Salze: Nitrite
- (d) Beispiel: KNO_2

8 Laugen
- (a) Natronlauge
- (b) Formel: $NaOH_{aq}$
- (c) Kalilauge
- (d) Beispiel: KOH_{aq}

9 Laugen
- (a) Kalkwasser
- (b) Formel: $Ca(OH)_{2\,aq}$
- (c) Salmiakgeist
- (d) Beispiel: NH_4OH_{aq}

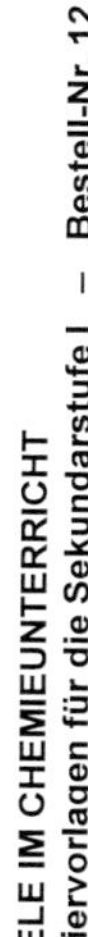

11 Formeln von Salzen

Dominospiel

NO_3	Mg	PO_4	$(NH_4)_2$	Cl	Zn
Cl_3	Na_2	NO_3	Ca	PO_4	Mg
$(PO_4)_2$	Ca	$(SO_4)_3$	Al	Cl_2	Mg_3
SO_4	Ca_3	Br_2	Na	CO_3	Al
CO_3	NH_4	SO_4	Zn	$(NO_3)_3$	K
$(PO_4)_2$	NH_4	$(CO_3)_3$	Al	Br	Mg
Cl	K_2	PO_4	Al_2	SO_4	Na
$(NO_3)_2$	K_3	CO_3	Na_3	Cl_2	Al_2

KOHL VERLAG Lernen mit Erfolg
SPIELE IM CHEMIEUNTERRICHT Kopiervorlagen für die Sekundarstufe I – Bestell-Nr. 12 993

Formeln von Salzen

11

Dominospiel (Lösungsbeispiel)

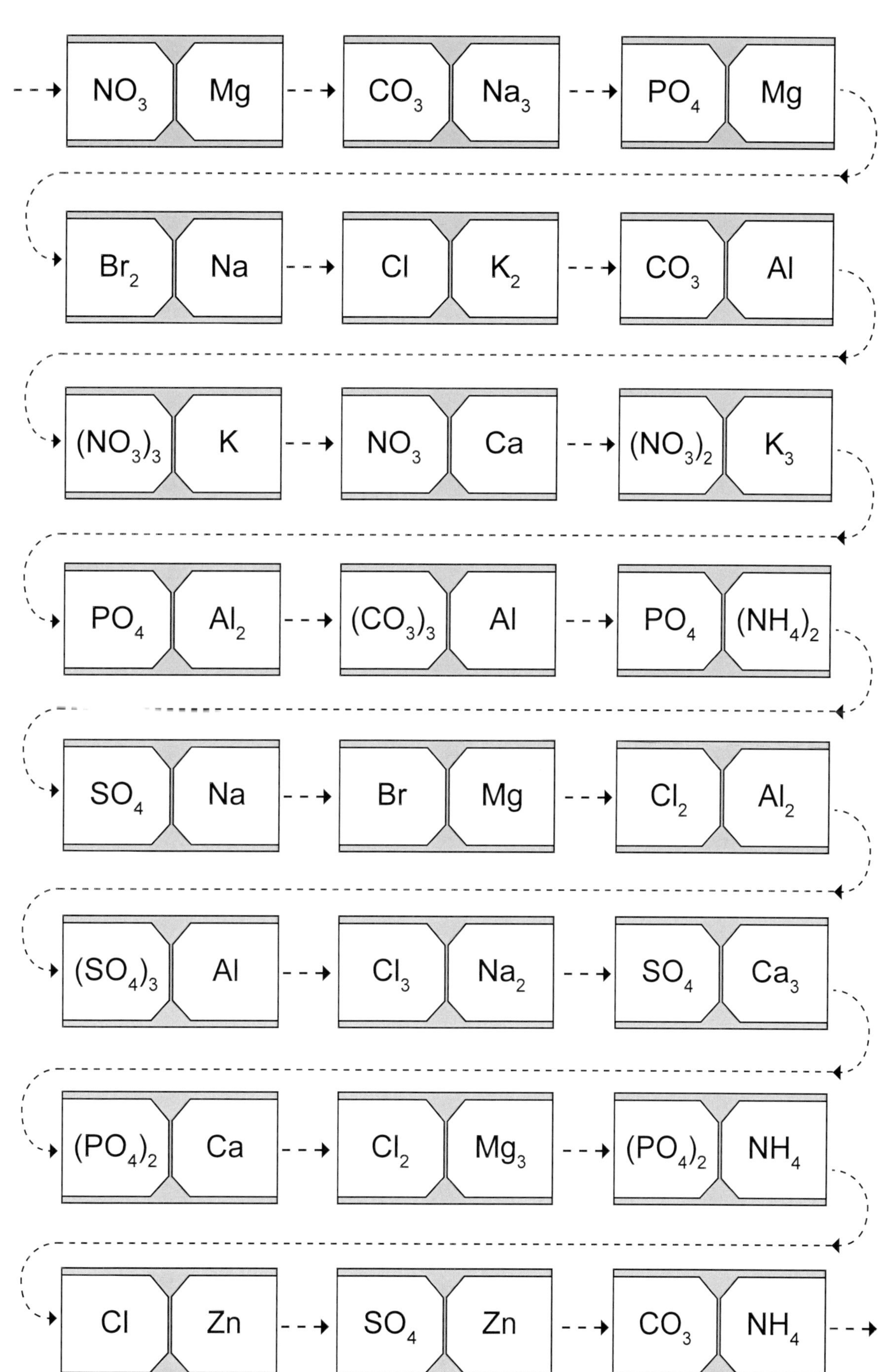

SPIELE IM CHEMIEUNTERRICHT
Kopiervorlagen für die Sekundarstufe I – Bestell-Nr. 12 993
KOHL VERLAG

12 Alles über Salze

Kartenspiel

F: Welche Stoffe bezeichnet man als Salze? **A**: Verbindungen, die in festem Zustand ein Ionengitter bilden ●	**F**: Was geben Formeln von Salzen an? **A**: das Zahlenverhältnis der Ionen im Ionengitter ●●	**F**: Welche Eigenschaften sind typisch für Salze? (2 Eigenschaften nennen) **A**: kristallin, hart, spröde, hohe Schmelz- und Siedetemperaturen ●	**F**: Wie lauten chemische Bezeichnung und Formel von Kochsalz? **A**: Natriumchlorid, NaCl ●
F: Was ist Kalk? (chemischer Name, Formel) **A**: Calciumcarbonat, $CaCO_3$ ●	**F**: Von welcher Säure leiten sich Nitrate ab? **A**: von der Salpetersäure ●	**F**: Wie heißen die Salze der Schwefelsäure? **A**: Sulfate ●	**F**: Wie heißt das Salz mit der Formel Na_2SO_3? **A**: Natriumsulfit ●
F: Welche Formel hat Kaliumphosphat? **A**: K_3PO_4 ●●	**F**: Wie heißt das Salz mit der Formel NH_4Cl? **A**: Ammoniumchlorid (Salmiak) ●	**F**: Wie nennt man Salze mit wasserstoffhaltigem Säurerest? **A**: Hydrogensalze ●	**F**: Welche Formel hat das Hydrogencarbonat-Ion? **A**: HCO_3^- ●●
F: Wie viele Ionen pro Formeleinheit werden beim Lösen von Magnesiumchlorid frei? **A**: drei (ein Magnesiumion und zwei Chloridionen) ●●	**F**: Was ist Gips? (chemischer Name, Formel) **A**: kristallwasserhaltiges Calciumsulfat, $CaSO_4 \cdot 2H_2O$ ●●	**F**: Warum kann man mit wasserfreiem, weißem Kupfersulfat Wasser nachweisen? **A**: weil Farbumschlag nach blau erfolgt (durch hydratisierte Kupferionen) ●	**F**: Was sind hydratisierte Ionen? **A**: von einer Wasserhülle (Hydrathülle) umgebene Ionen ●
F: Warum werden Wassermoleküle von positiven und von negativen Ionen angezogen? **A**: weil es Dipolmoleküle sind ●	**F**: Wie werden negative Ionen noch genannt? **A**: Anionen ●	**F**: Was sind Kationen? **A**: positive Ionen ●	**F**: Womit kann man Halogenide (außer Fluoride) nachweisen? **A**: mit einer Silbernitratlösung ●
F: Welche vier Gruppen von Salzen zählen zu den Halogeniden? **A**: Fluoride, Chloride, Bromide, Iodide ●	**F**: Wie nennt man eine konzentrierte Salzlösung noch? **A**: Sole ●	**F**: Wie kann man Salze herstellen? (2 Möglichkeiten nennen) **A**: aus Metall + Halogen, Me + Säure, Me-oxid + Säure, Neutralisation ●●	**F**: Was versteht man unter Neutralisation? **A**: die Reaktion von Säure und Lauge zu Salz und Wasser ●

SPIELE IM CHEMIEUNTERRICHT
Kopiervorlagen für die Sekundarstufe I – Bestell-Nr. 12 993
KOHL VERLAG

Alles über Salze

Kartenspiel

F: Wie entsteht aus einem Atom ein Ion?
A: durch Abgabe oder Aufnahme von Elektronen ●

F: Was versteht man unter Ionenbindung?
A: die elektrische Anziehung zwischen ungleichnamig geladenen Ionen ●

F: Was versteht man unter Dissoziation?
A: die Bildung frei beweglicher Ionen durch Zerfall und Lösen eines Stoffs ●●

F: Wann lösen sich Salze exotherm in Wasser?
A: wenn die Hydrat(at)ion mehr Energie liefert als zum Abbau des Gitters nötig ist ●●

F: Wann lösen sich Salze endotherm in Wasser?
A: wenn die Hydrat(at)ion weniger Energie liefert als zum Abbau des Gitters nötig ist ●●

F: Inwiefern ist die Reaktion von Natrium mit Chlor eine Redoxreaktion?
A: weil ein Elektronenübergang stattfindet (vom Natrium- zum Chloratom) ●●

F: Womit kann man Natriumsalze nachweisen?
A: mit der Flammenfärbung (intensive Gelbfärbung) ●

F: Warum enthalten Feuerwerkskörper Alkali- und Erdalkalisalze?
A: weil sie intensive Flammenfärbungen hervorrufen ●

F: In welchem Zustand leiten Salze den elektrischen Strom?
A: in geschmolzenem und gelöstem Zustand ●

F: Wie nennt man die Zerlegung eines Stoffs mittels Gleichstrom?
A: Elektrolyse ●

F: An welcher Elektrode scheidet sich bei der Elektrolyse einer Kupferiodidlösung Iod ab?
A: an der positiven Elektrode (der Anode) ●

F: Welche Stoffe entstehen bei der Elektrolyse einer Kochsalzlösung?
A: Wasserstoff (an der Kathode), Chlor (an der Anode) ●●

F: Warum werden Zinkperlen in einer Kupfersulfatlösung außen rötlich?
A: weil Zink (unedel) gelöst und Kupfer (edler) ausgeschieden wird ●●

F: Wie unterscheidet der Geologe zwischen Granit und Marmor?
A: durch Auftropfen einer Säure (Schaumbildung nur bei Marmor) ●

F: Von welcher Säure leitet sich die Mineralgruppe der Silicate ab? (Name, Formel)
A: von der Kieselsäure, H_2SiO_3 ●●

F: Welche Salze verursachen eine hohe Wasserhärte?
A: gelöste Calcium- und Magnesiumsalze ●●

F: Wie nennt man den Kalkbelag, der sich beim Erhitzen harten Wassers z. B. an Töpfen bildet?
A: Kesselstein ●

F: Wofür benutzt man Natriumhydrogencarbonat in der Küche?
A: als Backpulver ●

F: Zu welchem Zweck verwendet der Zahnarzt Natriumfluorid?
A: zur Vorbeugung gegen Karies ●

F: Welches sind die drei wichtigsten Elemente in Düngesalzen?
A: Stickstoff (N), Phosphor (P), Kalium (K) ●

Joker ●

Joker ●

Joker ●●

Joker ●●

SPIELE IM CHEMIEUNTERRICHT
Kopiervorlagen für die Sekundarstufe I – Bestell-Nr. 12 993
KOHL VERLAG

13 Atombau

Rätselgitter

Ergänze die 13 Aussagen zum Atombau mithilfe des Rätselgitters.

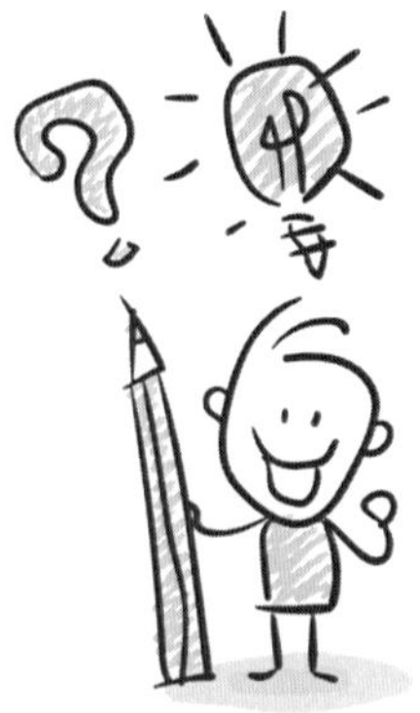

- Wir unterscheiden drei Arten von **(1)**.
- Der **(2)** enthält Protonen und Neutronen.
- Die Elementarteilchen des Atomkerns werden auch als **(3)** bezeichnet.
- Den äußeren Atombereich bildet die **(4)**. (Ü = UE)
- Fast die gesamte **(5)** ist im Atomkern konzentriert.
- Alle Atome eines Elements haben die gleiche Anzahl von **(6)** und **(7)**.
- In Mischelementen liegen unterschiedliche **(8)** vor.
- Isotope eines Elements unterscheiden sich nur in der Anzahl der **(9)**.
- Die äußere Elektronenschale der **(10)** ist mit zwei bzw. acht Elektronen sehr stabil.
- Metallatome haben nur wenige **(11)**. (ß = SS)
- Die Atome der **(12)** neigen zur **(13)** ihres Außenelektrons.
- Die Atome der **(14)** mit ihren sieben Außenelektronen neigen zur **(15)** eines Elektrons.
- Durch die Abgabe oder Aufnahme von Elektronen werden Atome zu **(16)**.

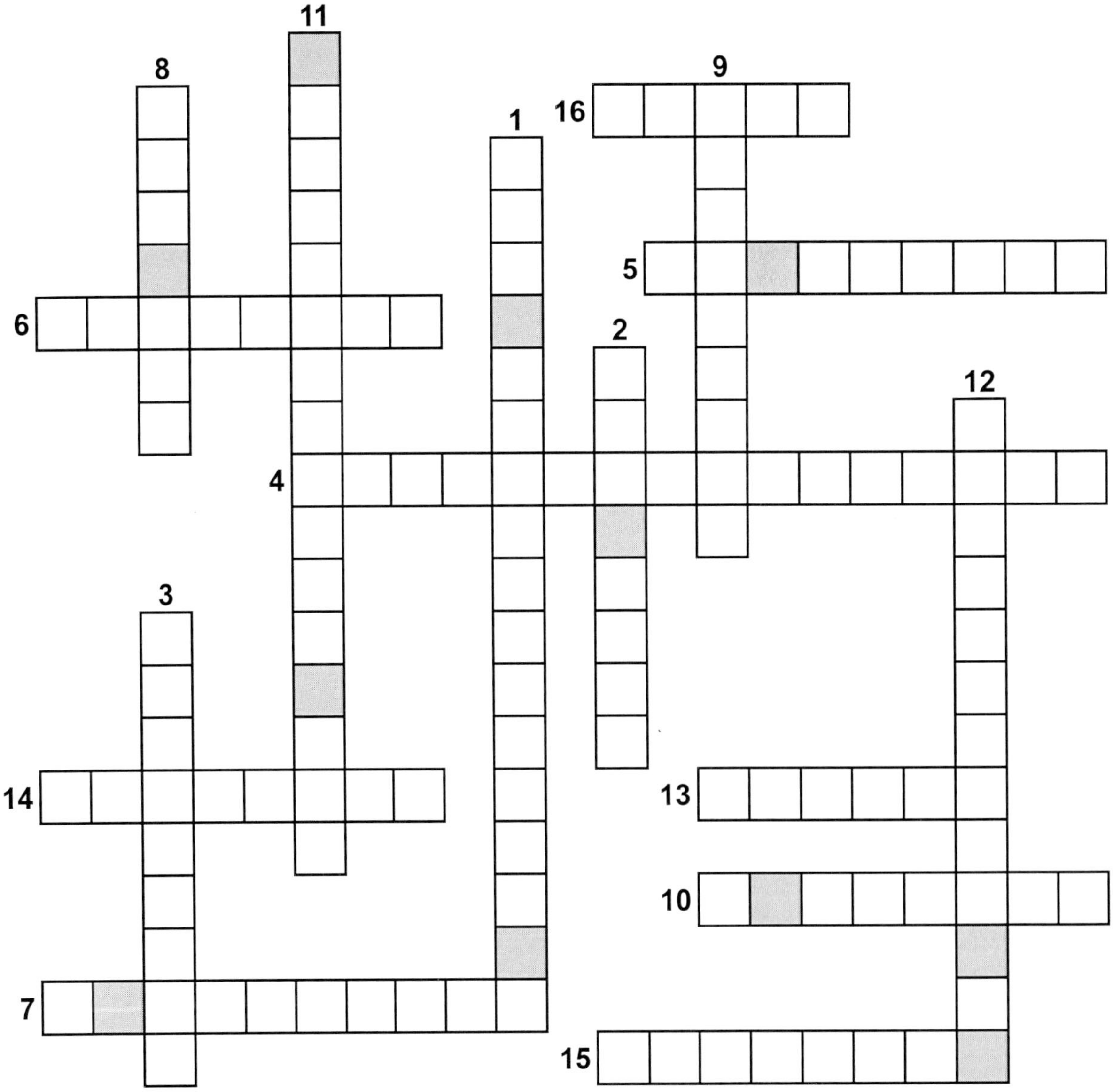

Lösungswort:

Rätselgitter (Lösung)

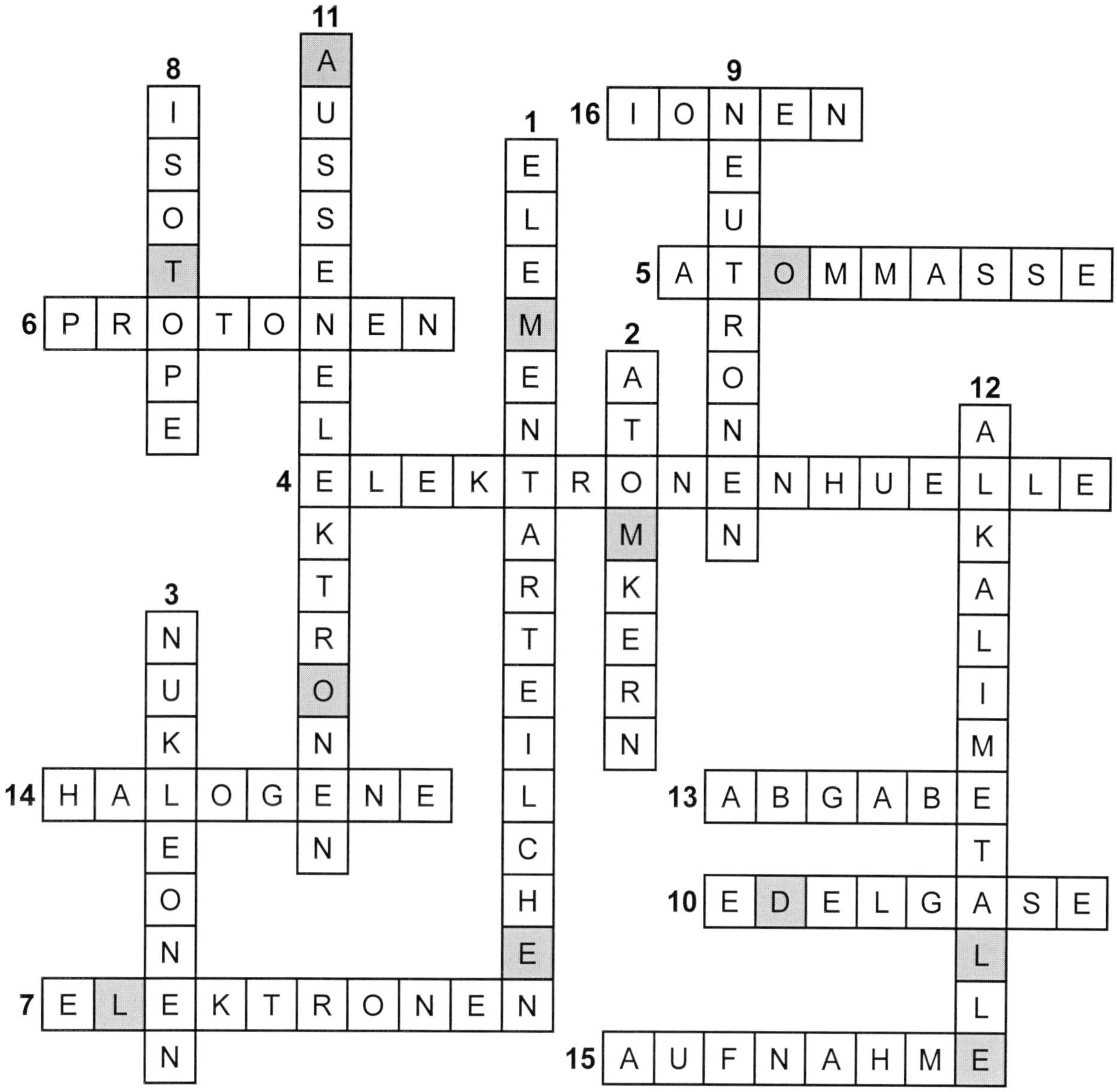
1 ELEMENTARTEILCHEN
2 ATOMKERN
3 NUKLEONEN
4 ELEKTRONENHUELLE
5 ATOMMASSE
6 PROTONEN
7 ELEKTRONEN
8 ISOTOPE
9 NEUTRONEN
10 EDELGASE
11 AUSSENELEKTRONEN
12 ALKALIMETALLE
13 ABGABE
14 HALOGENE
15 AUFNAHME
16 IONEN

Lösungswort: A T O M M O D E L L E

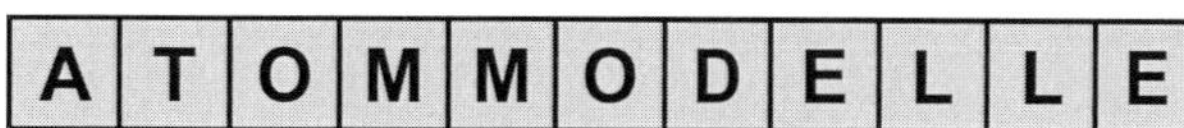

(entlang der markierten Felder in waagrechter Reihenfolge ablesen)

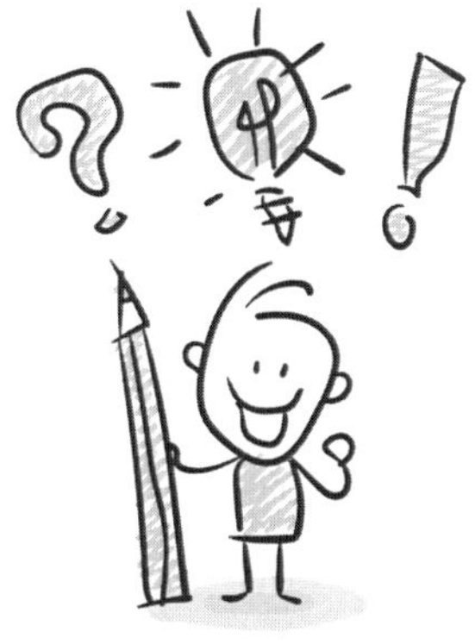

SPIELE IM CHEMIEUNTERRICHT
Kopiervorlagen für die Sekundarstufe I – Bestell-Nr. 12 993
KOHL VERLAG

14 Atombau und Periodensystem

Würfelspiel

Pro Spielgruppe werden benötigt: ein Spielplan, ein Würfel, pro Mitspieler eine Spielfigur, 42 gefaltete und rückseitig zusammengeklebte Karten.

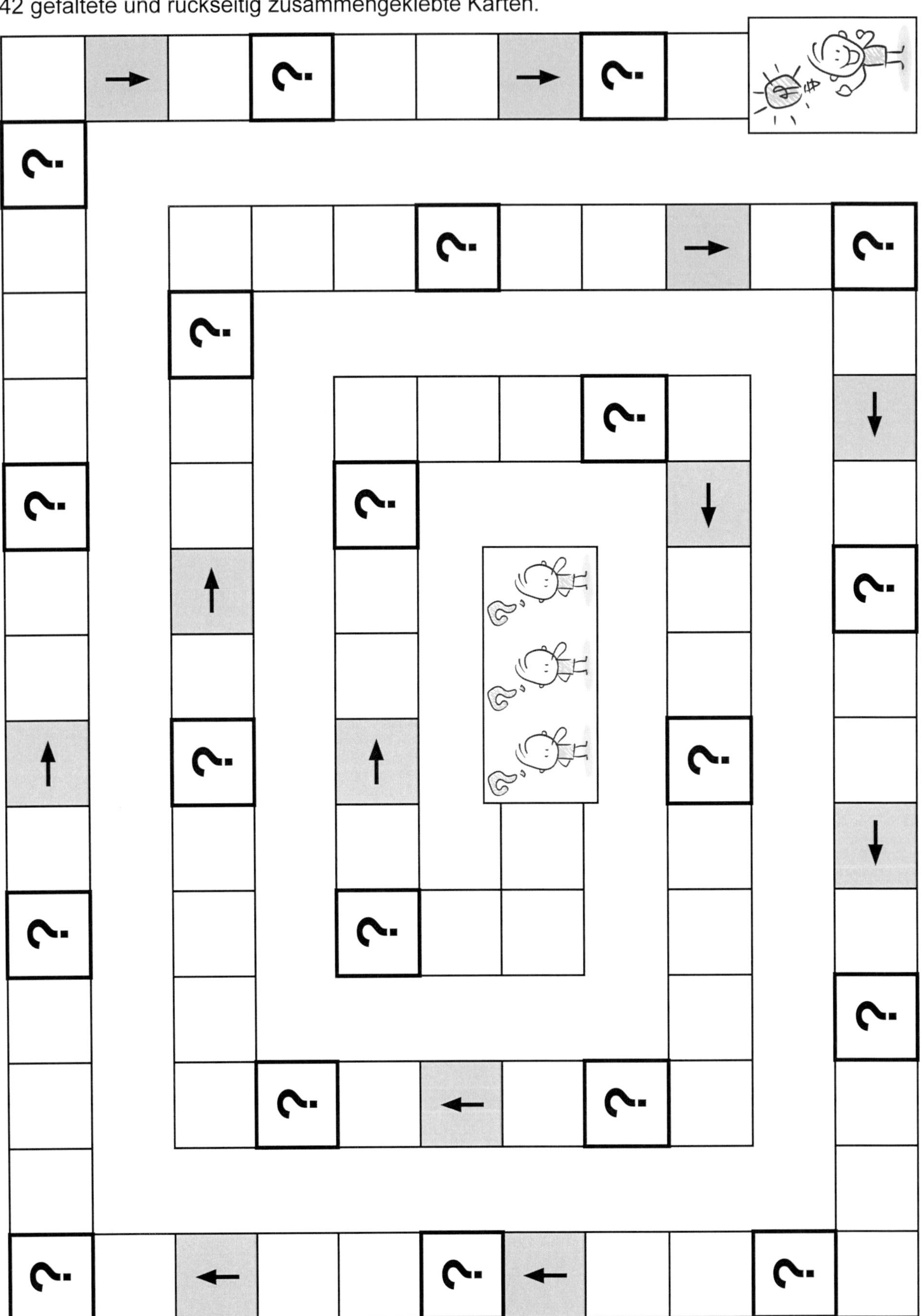

SPIELE IM CHEMIEUNTERRICHT
Kopiervorlagen für die Sekundarstufe I – Bestell-Nr. 12 993
KOHL VERLAG

Würfelspiel

1 Welche Atombereiche unterscheidet man?	**Antwort**: Atomkern und Atomhülle (Elektronenhülle)	**8** Wie ist die atomare Masseneinheit "u" definiert?	**Antwort**: als 1/12 der Masse eines bestimmten Kohlenstoffisotops
2 Welche Elementarteilchen unterscheidet man?	**Antwort**: Protonen, Neutronen, Elektronen	**9** Ergänze: Alle Atome eines Elements haben die gleiche Anzahl von ... und ...	**Antwort**: Protonen und Elektronen
3 Wo im Atom befinden sich die Protonen und Neutronen?	**Antwort**: im Atomkern	**10** Was sind Isotope?	**Antwort**: Elemente mit gleicher Protonenanzahl, aber unterschiedlicher Neutronenanzahl ihrer Atome
4 Welche Elementarteilchen werden als Nukleonen bezeichnet?	**Antwort**: Protonen und Neutronen	**11** Wodurch unterscheiden sich Reinelemente von Mischelementen?	**Antwort**: durch die Anzahl ihrer Atomsorten (Reinelemente eine, Mischelemente mehr als eine)
5 Wo befindet sich fast die gesamte Atommasse?	**Antwort**: im Atomkern	**12** Was bedeutet der Begriff "Iso-top" wörtlich?	**Antwort**: gleicher Platz (im Periodensystem)
6 Welche Masse hat ein Elektron im Vergleich zu der eines Protons?	**Antwort**: etwa 1/1800 der Masse eines Protons	**13** Wie viele Außenelektronen haben die Atome der Edelgase (außer Helium mit nur zwei)?	**Antwort**: acht Außenelektronen
7 Ergänze: Die Differenz zwischen Massenzahl und Kernladungszahl eines Atoms ist gleich der Anzahl seiner ...	**Antwort**: Neutronen	**14** Warum sind Edelgase sehr reaktionsträge?	**Antwort**: weil ihre Atome eine sehr stabile äußere Elektronenschale besitzen

SPIELE IM CHEMIEUNTERRICHT
Kopiervorlagen für die Sekundarstufe I – Bestell-Nr. 12 993
KOHL VERLAG

14 Atombau und Periodensystem

Würfelspiel

15 Wie nennt man die stabile Elektronenanordnung der Edelgase?	**Antwort**: Edelgaskonfiguration	**22** <u>Ergänze</u>: Durch die Abgabe von Elektronen werden aus Atomen ... Ionen.	**Antwort**: positive
16 Wo im Periodensystem stehen ähnliche Elemente?	**Antwort**: untereinander	**23** <u>Ergänze</u>: Durch die Aufnahme von Elektronen werden aus Atomen ...Ionen.	**Antwort**: negative
17 <u>Ergänze</u>: Die Atome der Mitglieder einer Elementfamilie haben gleich viele ...	**Antwort**: Außenelektronen	**24** Welcher Physiker hat das Kern-Hülle-Atommodell entwickelt?	**Antwort**: Ernest Rutherford
18 <u>Ergänze</u>: Die Atome der Halogene haben ... Außenelektronen.	**Antwort**: sieben	**25** Welcher Physiker hat das Schalenmodell entwickelt?	**Antwort**: Niels Bohr
19 Wonach wurden die Elemente im Periodensystem a) zuerst, b) später angeordnet?	**Antwort**: a) nach der Masse, b) nach der Kernladung	**26** Wie nennt man die senkrechten Spalten des Periodensystems?	**Antwort**: Gruppen
20 Welche Chemiker haben 1869 unabhängig voneinander erstmals ein Periodensystem aufgestellt?	**Antwort**: Dimitrij Mendelejew und Lothar Meyer	**27** In welcher Hauptgruppe des Periodensystems stehen die Alkalimetalle?	**Antwort**: in der ersten
21 Wie werden Atome zu Ionen?	**Antwort**: durch die Abgabe oder Aufnahme von Elektronen	**28** Wie heißen die waagrechten Reihen des Periodensystems?	**Antwort**: Perioden

SPIELE IM CHEMIEUNTERRICHT
Kopiervorlagen für die Sekundarstufe I – Bestell-Nr. 12 993
KOHL VERLAG

Würfelspiel

29 Was ist für alle Elemente einer Gruppe des Periodensystems gleich?	**Antwort:** die Anzahl der Außenelektronen ihrer Atome	**36** Warum sind die Atome der Alkalimetalle einwertig?	**Antwort:** weil sie ein Außenelektron besitzen
30 Wie ändern sich die Atomradien innerhalb einer Gruppe des Periodensystems von oben nach unten?	**Antwort:** sie nehmen zu	**37** Wie sind die 17 Elektronen des Chloratoms verteilt?	**Antwort:** innere Schale 2, dann 8, außen 7
31 Was kann man der Periodennummer des Periodensystems entnehmen?	**Antwort:** die Anzahl der Elektronenschalen der betreffenden Atome	**38** Warum sind Chloratome einwertig?	**Antwort:** weil ihnen ein Elektron zur Achterschale (Edelgaskonfiguration) fehlt
32 Warum nehmen die Atomradien innerhalb einer Periode des Periodensystems von links nach rechts ab?	**Antwort:** weil die Anziehung zwischen Atomkern und Hülle stärker wird	**39** Was geschieht bei der Reaktion eines Natriumatoms mit einem Chloratom?	**Antwort:** ein Elektronenübergang vom Natriumatom zum Chloratom
33 Wovon hängt die Wertigkeit eines Elements ab?	**Antwort:** von der Anzahl der Außenelektronen seiner Atome	**40** Wie sind die 13 Elektronen des Aluminiumatoms verteilt?	**Antwort:** innere Schale 2, dann 8, außen 3
34 Welche Elektronenschale wird bei den Atomen der Nebengruppenelemente nach und nach gefüllt?	**Antwort:** zunächst die vorletzte (auf 18 Elektronen)	**41** Wie nennt man die Bindungsart zwischen Metallatomen und Nichtmetallatomen?	**Antwort:** Ionenbindung
35 Wo im Periodensystem stehen die Nichtmetalle (außer Wasserstoff)?	**Antwort:** rechts und oben rechts	**42** Wie viele Außenelektronen besitzen Atome maximal?	**Antwort:** acht Außenelektronen

SPIELE IM CHEMIEUNTERRICHT
Kopiervorlagen für die Sekundarstufe I – Bestell-Nr. 12 993
KOHL VERLAG

Organik für Einsteiger

Kartenspiel

F: Wozu dient der Destillierturm einer Erdölraffinerie? **A**: zum Zerlegen des Erdöls in Fraktionen verschiedener Siedebereiche ●	**F**: Was ist Benzin? **A**: ein Gemisch niedrig siedender Kohlenwasserstoffe ●	**F**: Wofür ist die Octanzahl eine Maßzahl? **A**: für die Klopffestigkeit von Kraftstoffen für Ottomotoren (Benzin) ●●	**F**: Wie nennt man das Spalten langkettiger Kohlenwasserstoffmoleküle in kleinere Bruchstücke? **A**: Cracken ●
F: Woraus besteht Erdgas hauptsächlich? (Name, Summenformel des Moleküls) **A**: aus Methan, CH_4 ●	**F**: Was sind schlagende Wetter? **A**: explosive Gemische aus Methan und Luft ●●	**F**: Welche Summenformel haben Hexanmoleküle? **A**: C_6H_{14} ●	**F**: Welches Strukturmerkmal haben Alkenmoleküle? **A**: eine Doppelbindung ●
F: Welche Verbindung entsteht bei der Hydrierung von Ethen? **A**: Ethan ●	**F**: Was sind Isomere? **A**: Verbindungen mit Molekülen gleicher Summen-, aber unterschiedlicher Strukturformel ●	**F**: Wie viele Isomere mit der Molekülformel C_4H_{10} gibt es und welche? **A**: zwei: n-Butan und i-Butan (2-Methylpropan) ●●	**F**: Welche Kohlenwasserstoffe haben Moleküle der allgemeinen Summenformel C_nH_{2n+2}? **A**: Alkane ●
F: Wie heißt der bekannteste aromatische Kohlenwasserstoff? (Name, Summenformel des Moleküls) **A**: Benzen / Benzol, C_6H_6 ●	**F**: Welcher Kohlenwasserstoff ist der einfachste mit einer Dreifachbindung im Molekül? (Name, Summenformel des Moleküls) **A**: Ethin / Acetylen, C_2H_2 ●	**F**: Wodurch unterscheiden sich aufeinanderfolgende Glieder homologer Reihen? **A**: durch je eine weitere CH_2-Gruppe ●	**F**: Welche Reaktionen sind charakteristisch für ungesättigte Kohlenwasserstoffe? **A**: Additionsreaktionen ●●
F: Welche Reaktionen sind charakteristisch für Alkane? **A**: Substitutionsreaktionen ●●	**F**: Warum sind die fossilen Brennstoffe in Verruf geraten? **A**: weil bei der Verbrennung das Treibhausgas Kohlenstoffdioxid entsteht ●	**F**: Welche Summenformel hat ein Molekül Trichlormethan (Chloroform)? **A**: $CHCl_3$ ●	**F**: Welche Summenformel hat ein Molekül Monobrommonochlormethan? **A**: CH_2BrCl ●
F: Wie heißt das Molekül C_2F_4 (Baustein des Kunststoffs Teflon)? **A**: Tetrafluorethen ●●	**F**: Warum wurden die CFKW weitgehend verboten? **A**: weil sie die Ozonschicht zerstören ●	**F**: Warum ist das Molekül CCl_4 trotz polarer Atombindungen kein Dipolmolekül? **A**: weil die Ladungsschwerpunkte zusammenfallen ●●	**F**: Wie heißt die funktionelle Gruppe der Alkoholmoleküle? (Name, Formel) **A**: Hydroxylgruppe, -OH ●

SPIELE IM CHEMIEUNTERRICHT
Kopiervorlagen für die Sekundarstufe I – Bestell-Nr. 12 993
KOHL VERLAG

Organik für Einsteiger 15

Kartenspiel

F: Warum nimmt die Wasserlöslichkeit der Alkanole mit zunehmender Kettenlänge ab? **A**: weil dann die hydrophobe Alkylgruppe überwiegt ●	**F**: Welcher Alkohol ist der einzige genießbare? (Name, Summenformel des Moleküls) **A**: Ethanol / Ethylalkohol C_2H_5OH ●	**F**: Was versteht man unter alkoholischer Gärung? **A**: die Bildung von Ethanol (und CO_2) aus zuckerhaltigen Lösungen mittels Hefe ●	**F**: Was ist Spiritus? **A**: vergälltes, 96 %iges Ethanol ●
F: Ist Pentan-3-ol ein primärer, sekundärer oder tertiärer Alkohol? **A**: ein sekundärer ●●	**F**: Wie ist das Diethylethermolekül aufgebaut? **A**: ein Sauerstoffatom zwischen zwei mit ihm verbundenen Ethylgruppen ●●	**F**: Welcher zweiwertige Alkohol wird dem Kühlwasser von Autos als Frostschutzmittel zugesetzt? (zwei Namen nennen) **A**: Ethan-1,2-diol, Glykol ●	**F**: Welcher Alkohol ist der einfachste dreiwertige? (zwei Namen nennen) **A**: Propan-1,2,3-triol, Glycerol / Glycerin ●
F: Womit kann man Alkanale (Aldehyde) nachweisen? (eine Möglichkeit nennen) **A**: Tollens-, Fehling-, Schiff-Reagens ●●	**F**: Was ist Formalin? **A**: eine wässrige Lösung von Methanal (Formaldehyd) ●	**F**: Zu welcher Stoffgruppe gehört Aceton (Propanon)? **A**: zu den Ketonen (Alkanonen) ●	**F**: Wie heißt die funktionelle Gruppe der Carbonsäuremoleküle? (Name, Formel) **A**: Carboxylgruppe, -COOH ●
F: Welche Verbindung hat Moleküle der Formel C_3H_7COOH? (zwei Namen nennen) **A**: Buttersäure / Butansäure ●	**F**: Wie heißen die beiden einfachsten Alkansäuren? (je zwei Namen nennen) **A**: Ameisensäure/Methansäure und Essigsäure/ Ethansäure ●●	**F**: Um was handelt es sich bei Seifen? **A**: um Kalium- oder Natriumsalze höherer Carbonsäuren ●	**F**: Warum verringert Seife die Oberflächenspannung des Wassers? **A**: weil die unpolaren Enden der Seifenanionen aus dem Wasser herausragen ●●
F: Welche Stoffe entstehen bei der Reaktion von Carbonsäuren mit Alkoholen? **A**: Ester ●	**F**: Woraus bestehen zahlreiche künstliche Fruchtaromen? **A**: aus Estern niedriger Carbonsäuren ●●	**F**: Welche Stoffe entstehen bei der Veresterung höherer Carbonsäuren mit Glycerin? **A**: Fette ●	**F**: Wie heißt die Umkehrung der Veresterung? **A**: Verseifung ●
Joker ●	**Joker** ●	**Joker** ●●	**Joker** ●●

16 Gruppen organischer Verbindungen

Quartettspiel

1 Alkane C_nH_{2n+2}

- (a) Methan
- (b) Formel CH_4
- (c) Ethan
- (d) Formel C_2H_6

2 Alkene C_nH_{2n}

- (a) Ethen
- (b) Formel C_2H_4
- (c) Propen
- (d) Formel C_3H_6

3 Alkine C_nH_{2n-2}

- (a) Ethin
- (b) Formel C_2H_2
- (c) Propin
- (d) Formel C_3H_4

4 Alkanole ROH

- (a) Methanol (Methylalkohol)
- (b) Formel CH_3-OH
- (c) Ethanol (Ethylalkohol)
- (d) Formel C_2H_5-OH

5 Alkanale RCHO

- (a) Methanal (Formaldehyd)
- (b) Formel H-CHO
- (c) Ethanal (Acetaldehyd)
- (d) Formel CH_3-CHO

6 Alkanone RCOR

- (a) Propanon (Aceton)
- (b) Formel CH_3-CO-CH_3
- (c) Butanon
- (d) Formel CH_3-CO-C_2H_5

7 Alkansäuren RCOOH

- (a) Methansäure (Ameisensäure)
- (b) Formel H-COOH
- (c) Ethansäure (Essigsäure)
- (d) Formel CH_3-COOH

8 Alkansäureester RCOOR

- (a) Methansäure-methylester
- (b) Formel H-COO-CH_3
- (c) Ethansäure-ethylester
- (d) Formel CH_3-COO-C_2H_5

9 Ether ROR

- (a) Methylpropylether
- (b) Formel CH_3-O-C_3H_7
- (c) Diethylether
- (d) Formel C_2H_5-O-C_2H_5

SPIELE IM CHEMIEUNTERRICHT
Kopiervorlagen für die Sekundarstufe I – Bestell-Nr. 12 993

Gruppen organischer Verbindungen **16**

Quartettspiel

1 Alkane C_nH_{2n+2}

- (a) Methan
- (b) Formel CH_4
- (c) Ethan
- (d) Formel C_2H_6

2 Alkene C_nH_{2n}

- (a) Ethen
- (b) Formel C_2H_4
- (c) Propen
- (d) Formel C_3H_6

3 Alkine C_nH_{2n-2}

- (a) Ethin
- (b) Formel C_2H_2
- (c) Propin
- (d) Formel C_3H_4

4 Alkanole ROH

- (a) Methanol (Methylalkohol)
- (b) Formel CH_3-OH
- (c) Ethanol (Ethylalkohol)
- (d) Formel C_2H_5-OH

5 Alkanale RCHO

- (a) Methanal (Formaldehyd)
- (b) Formel H-CHO
- (c) Ethanal (Acetaldehyd)
- (d) Formel CH_3-CHO

6 Alkanone RCOR

- (a) Propanon (Aceton)
- (b) Formel CH_3-CO-CH_3
- (c) Butanon
- (d) Formel CH_3-CO-C_2H_5

7 Alkansäuren RCOOH

- (a) Methansäure (Ameisensäure)
- (b) Formel H-COOH
- (c) Ethansäure (Essigsäure)
- (d) Formel CH_3-COOH

8 Alkansäureester RCOOR

- (a) Methansäure-methylester
- (b) Formel H-COO-CH_3
- (c) Ethansäure-ethylester
- (d) Formel CH_3-COO-C_2H_5

9 Ether ROR

- (a) Methylpropylether
- (b) Formel CH_3-O-C_3H_7
- (c) Diethylether
- (d) Formel C_2H_5-O-C_2H_5

16 Gruppen organischer Verbindungen

Quartettspiel

1 Alkane C_nH_{2n+2}

- (a) Methan
- (b) Formel CH_4
- (c) Ethan
- (d) Formel C_2H_6

2 Alkene C_nH_{2n}

- (a) Ethen
- (b) Formel C_2H_4
- (c) Propen
- (d) Formel C_3H_6

3 Alkine C_nH_{2n-2}

- (a) Ethin
- (b) Formel C_2H_2
- (c) Propin
- (d) Formel C_3H_4

4 Alkanole ROH

- (a) Methanol (Methylalkohol)
- (b) Formel CH_3-OH
- (c) Ethanol (Ethylalkohol)
- (d) Formel C_2H_5-OH

5 Alkanale RCHO

- (a) Methanal (Formaldehyd)
- (b) Formel H-CHO
- (c) Ethanal (Acetaldehyd)
- (d) Formel CH_3-CHO

6 Alkanone RCOR

- (a) Propanon (Aceton)
- (b) Formel CH_3-CO-CH_3
- (c) Butanon
- (d) Formel CH_3-CO-C_2H_5

7 Alkansäuren RCOOH

- (a) Methansäure (Ameisensäure)
- (b) Formel H-COOH
- (c) Ethansäure (Essigsäure)
- (d) Formel CH_3-COOH

8 Alkansäureester RCOOR

- (a) Methansäure-methylester
- (b) Formel H-COO-CH_3
- (c) Ethansäure-ethylester
- (d) Formel CH_3-COO-C_2H_5

9 Ether ROR

- (a) Methylpropylether
- (b) Formel CH_3-O-C_3H_7
- (c) Diethylether
- (d) Formel C_2H_5-O-C_2H_5

Gruppen organischer Verbindungen

16

Quartettspiel

1 Alkane C_nH_{2n+2}

- (a) Methan
- (b) Formel CH_4
- (c) Ethan
- (d) Formel C_2H_6

2 Alkene C_nH_{2n}

- (a) Ethen
- (b) Formel C_2H_4
- (c) Propen
- (d) Formel C_3H_6

3 Alkine C_nH_{2n-2}

- (a) Ethin
- (b) Formel C_2H_2
- (c) Propin
- (d) Formel C_3H_4

4 Alkanole ROH

- (a) Methanol (Methylalkohol)
- (b) Formel CH_3-OH
- (c) Ethanol (Ethylalkohol)
- (d) Formel C_2H_5-OH

5 Alkanale RCHO

- (a) Methanal (Formaldehyd)
- (b) Formel H-CHO
- (c) Ethanal (Acetaldehyd)
- (d) Formel CH_3-CHO

6 Alkanone RCOR

- (a) Propanon (Aceton)
- (b) Formel CH_3-CO-CH_3
- (c) Butanon
- (d) Formel CH_3-CO-C_2H_5

7 Alkansäuren RCOOH

- (a) Methansäure (Ameisensäure)
- (b) Formel H-COOH
- (c) Ethansäure (Essigsäure)
- (d) Formel CH_3-COOH

8 Alkansäureester RCOOR

- (a) Methansäure-methylester
- (b) Formel H-COO-CH_3
- (c) Ethansäure-ethylester
- (d) Formel CH_3-COO-C_2H_5

9 Ether ROR

- (a) Methylpropylether
- (b) Formel CH_3-O-C_3H_7
- (c) Diethylether
- (d) Formel C_2H_5-O-C_2H_5

SPIELE IM CHEMIEUNTERRICHT
Kopiervorlagen für die Sekundarstufe I – Bestell-Nr. 12 993

Strukturformeln Organik

Memospiel

Kohlenwasserstoffe	Kohlenwasserstoffe	Kohlenwasserstoffe	Kohlenwasserstoffe
CH_4 1	Methan 1	C_5H_{12} 6	n-Pentan 6
Kohlenwasserstoffe	Kohlenwasserstoffe	Kohlenwasserstoffe	Kohlenwasserstoffe
C_2H_6 2	Ethan 2	C_6H_{14} 7	2,3-Dimethylbutan (ein i-Hexan) 7
Kohlenwasserstoffe	Kohlenwasserstoffe	Kohlenwasserstoffe	Kohlenwasserstoffe
C_3H_8 3	Propan 3	C_8H_{18} 8	2,2,4-Trimethyl-pentan (ein i-Octan) 8
Kohlenwasserstoffe	Kohlenwasserstoffe	Kohlenwasserstoffe	Kohlenwasserstoffe
C_4H_{10} 4	n-Butan 4	C_5H_{10} 9	Cyclopentan 9
Kohlenwasserstoffe	Kohlenwasserstoffe	Kohlenwasserstoffe	Kohlenwasserstoffe
C_4H_{10} 5	Methylpropan (i-Butan) 5	C_6H_{12} 10	Cyclohexan 10

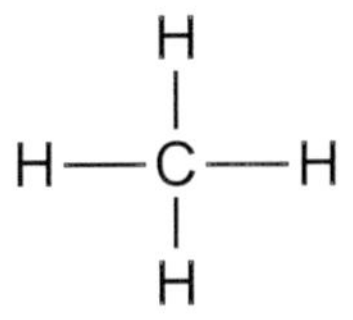

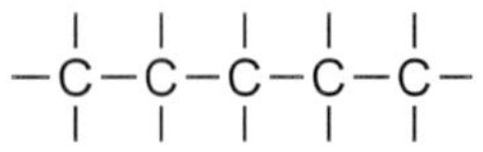

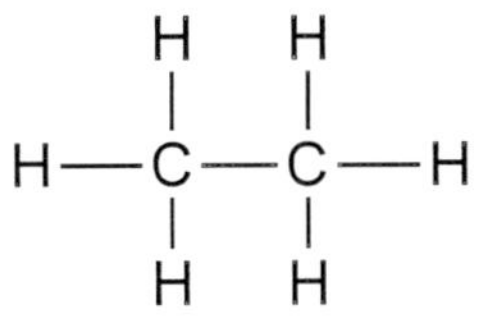

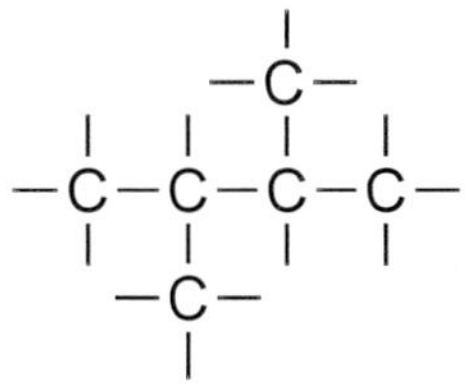

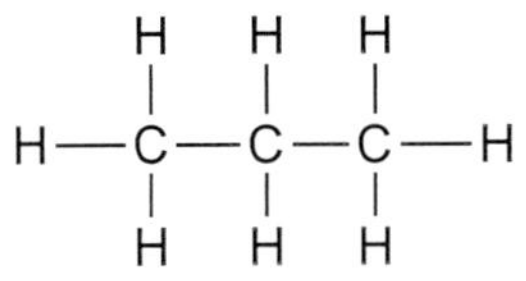

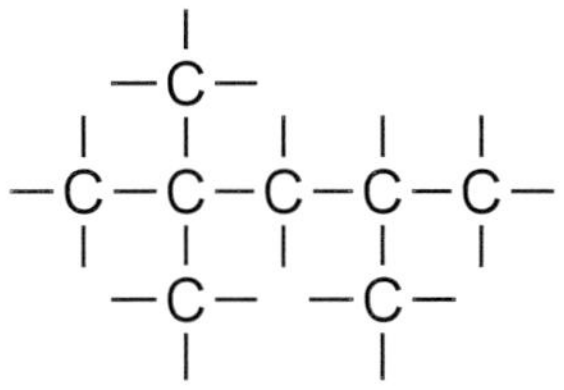

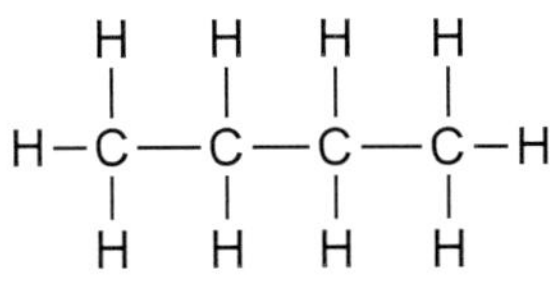

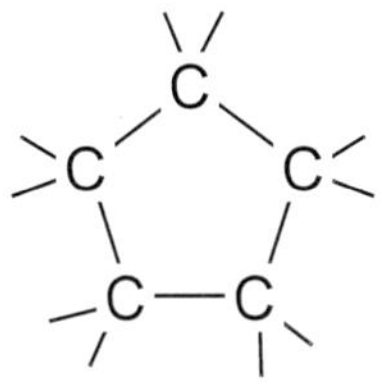

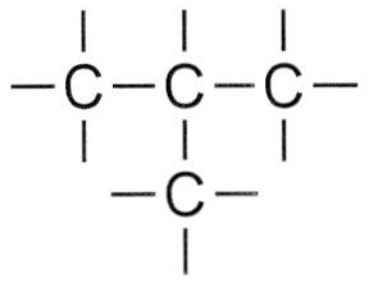

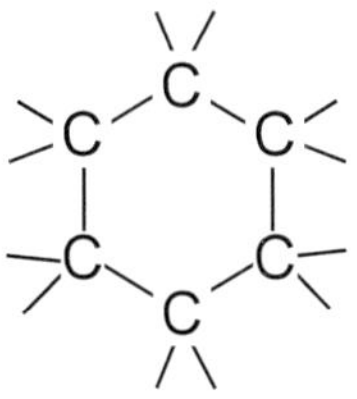

SPIELE IM CHEMIEUNTERRICHT
Kopiervorlagen für die Sekundarstufe I – Bestell-Nr. 12 993
KOHL VERLAG

Memospiel

Kohlenwasserstoffe	Kohlenwasserstoffe	Kohlenwasserstoffe	Kohlenwasserstoffe
C_6H_6 11	Benzol (Benzen) 11	C=C—C=C C_4H_6 16	Buta-1,3-dien 16
Kohlenwasserstoffe	Kohlenwasserstoffe	Kohlenwasserstoffe	Kohlenwasserstoffe
H, H, C=C, H, H C_2H_4 12	Ethen 12	—C—C=C—C—, —C— C_5H_{10} 17	2-Methyl-but-2-en 17
Kohlenwasserstoffe	Kohlenwasserstoffe	Kohlenwasserstoffe	Kohlenwasserstoffe
H, H, C=C—C—H, H, H, H C_3H_6 13	Propen 13	C=C—C=C, —C— C_5H_8 18	2-Methyl-buta-1,3-dien (Isopren) 18
Kohlenwasserstoffe	Kohlenwasserstoffe	Kohlenwasserstoffe	Kohlenwasserstoffe
C=C—C—C— C_4H_8 14	But-1-en 14	H—C≡C—H C_2H_2 19	Ethin 19
Kohlenwasserstoffe	Kohlenwasserstoffe	Kohlenwasserstoffe	Kohlenwasserstoffe
—C—C=C—C— C_4H_8 15	But-2-en 15	H, H—C≡C—C—H, H C_3H_4 20	Propin 20

SPIELE IM CHEMIEUNTERRICHT
Kopiervorlagen für die Sekundarstufe I – Bestell-Nr. 12 993
KOHL VERLAG

Strukturformeln Organik

Memospiel

Derivate der KW	Derivate der KW	Derivate der KW	Derivate der KW
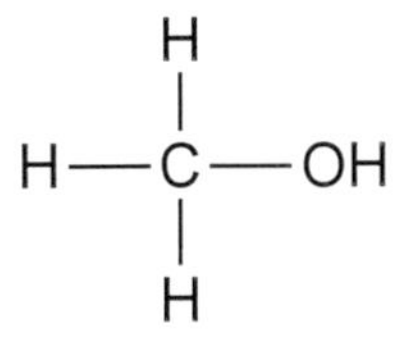 1 CH_3OH	1 Methanol	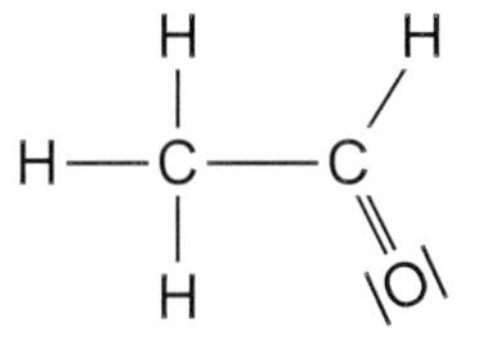 6 CH_3CHO	6 Ethanal (Acetaldehyd)
Derivate der KW	Derivate der KW	Derivate der KW	Derivate der KW
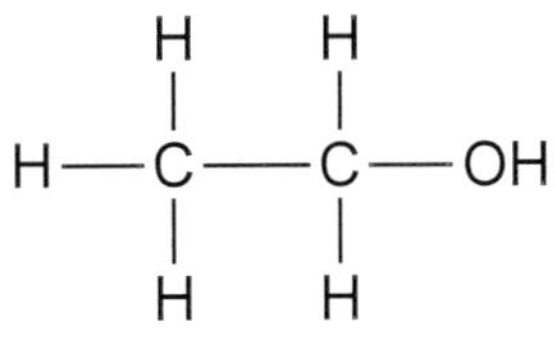 2 C_2H_5OH	2 Ethanol	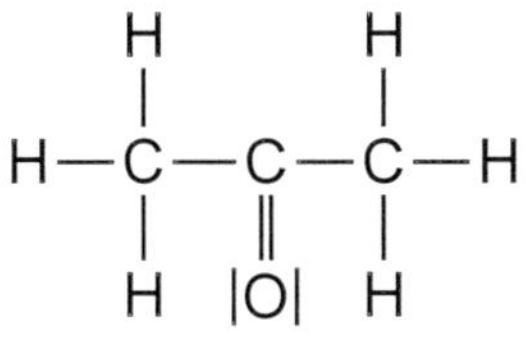 7 CH_3COCH_3	7 Propanon (Aceton)
Derivate der KW	Derivate der KW	Derivate der KW	Derivate der KW
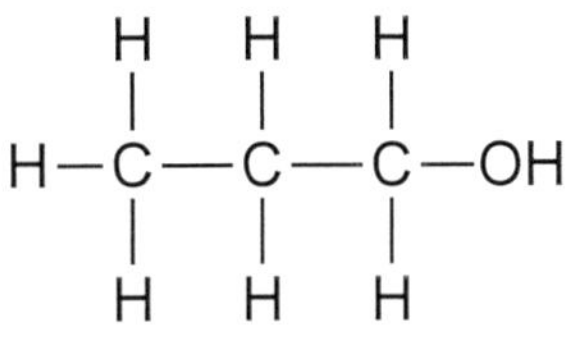 3 C_3H_7OH	3 Propan-1-ol	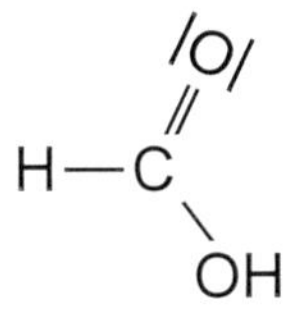 8 HCOOH	8 Methansäure (Ameisensäure)
Derivate der KW	Derivate der KW	Derivate der KW	Derivate der KW
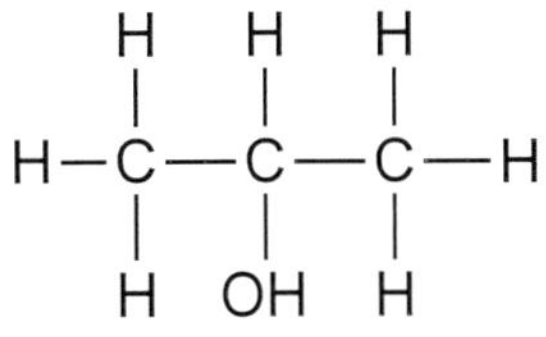 4 C_3H_7OH	4 Propan-2-ol	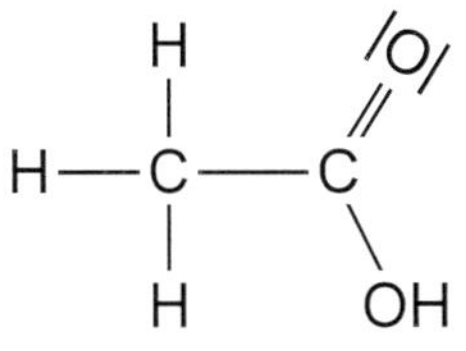 9 CH_3COOH	9 Ethansäure (Essigsäure)
Derivate der KW	Derivate der KW	Derivate der KW	Derivate der KW
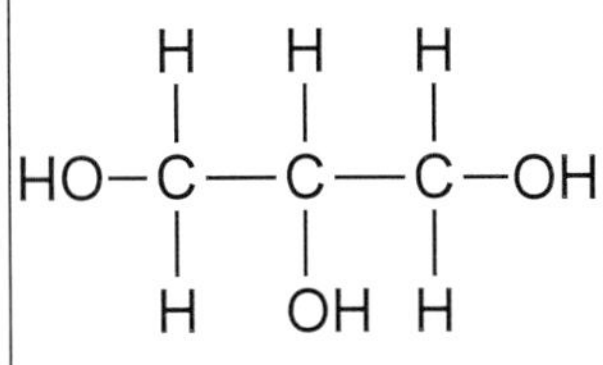 5 $C_3H_5(OH)_3$	5 Propan-1,2,3-triol (Glycerin, Glycerol)	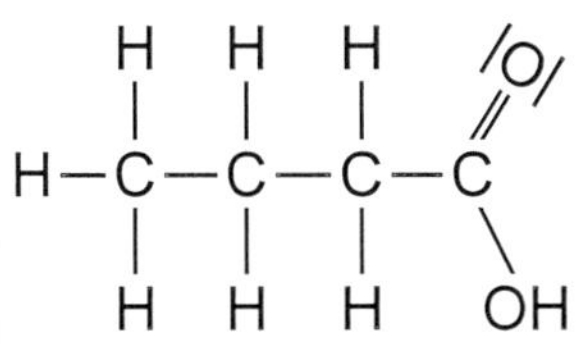 10 C_3H_7COOH	10 Butansäure (Buttersäure)

SPIELE IM CHEMIEUNTERRICHT
Kopiervorlagen für die Sekundarstufe I – Bestell-Nr. 12 993
KOHL VERLAG

Memospiel

Derivate der KW	Derivate der KW	Derivate der KW	Derivate der KW
$C_{15}H_{31}COOH$ 11	Palmitinsäure 11	H H H H H–C–C–$\overline{O}$–C–C–H H H H H $(C_2H_5)_2O$ 16	Diethylether 16
Derivate der KW	**Derivate der KW**	**Derivate der KW**	**Derivate der KW**
$C_{17}H_{35}COOH$ 12	Stearinsäure 12	Cl H–C–Cl Cl $CHCl_3$ 17	Trichlormethan (Chloroform) 17
Derivate der KW	**Derivate der KW**	**Derivate der KW**	**Derivate der KW**
$C_{17}H_{33}COOH$ 13	Ölsäure 13	F F C=C F F C_2F_4 18	Tetrafluorethen 18
Derivate der KW	**Derivate der KW**	**Derivate der KW**	**Derivate der KW**
$C_{17}H_{35}COO^-Na^+$ 14	Natriumstearat 14	H /O/ H–C–C NH$_2$ OH Gly 19	Aminoethansäure (Glycin) 19
Derivate der KW	**Derivate der KW**	**Derivate der KW**	**Derivate der KW**
H H H H–C–C–$\overline{O}$–C–C–H H |O| H H $CH_3COOC_2H_5$ 15	Ethansäure-ethylester 15	H H /O/ H–C–C–C H NH$_2$ OH Ala 20	2-Aminopropansäure (Alanin) 20

SPIELE IM CHEMIEUNTERRICHT Kopiervorlagen für die Sekundarstufe I – Bestell-Nr. 12 993
KOHL VERLAG

18 Radioaktivität und Kernenergie

Kartenspiel

F: Wer entdeckte 1896 die Radioaktivität? **A**: der französische Physiker Henri Becquerel ●	**F**: Wer prägte den Begriff Radioaktivität? **A**: die französische Chemikerin und Physikerin Marie Curie ●●	**F**: Welche beiden radioaktiven Elemente hat Marie Curie entdeckt? **A**: Polonium und Radium ●	**F**: In welchem Bereich radioaktiver Atome finden die radioaktiven Prozesse statt? **A**: in den Atomkernen ●●
F: Wie nennt man die Kerne radioaktiver Atome? **A**: Radionuklide ●	**F**: Welche radioaktiven Strahlen unterscheidet man? **A**: α-, β- und γ-Strahlen ●	**F**: Was ist ein Dosimeter? **A**: ein Strahlenmessgerät ●	**F**: Woraus bestehen α-Strahlen? **A**: aus Heliumkernen (= 2 Protonen und 2 Neutronen) ●
F: Woraus bestehen β-Strahlen? **A**: aus Elektronen ●	**F**: In was wandelt sich im Atomkern eines β-Strahlers ein Neutron um? **A**: in ein Proton und ein Elektron ●●	**F**: Inwiefern sind γ-Strahlen mit Röntgenstrahlen vergleichbar? **A**: es sind ebenfalls elektromagnetische Wellen ●	**F**: Wie ändern sich Massen- und Kernladungszahl bei α-Strahlern? **A**: die Massenzahl nimmt um 4 ab, die Kernladungszahl nimmt um 2 ab ●●
F: Wie ändern sich Massen- und Kernladungszahl bei β-Strahlern? **A**: die Massenzahl bleibt, die Kernladungzahl nimmt um 1 zu ●●	**F**: Wie heißt die Einheit für die Aktivität radioaktiver Strahlenquellen? **A**: 1 Becquerel (1 Bq) ●●	**F**: Wie heißt die (im Strahlenschutz übliche) Einheit für die Äquivalentdosis? **A**: 1 Sievert (1 Sv) ●●	**F**: Wofür ist die Äquivalentdosis ein Maß? **A**: für die biologische Wirkung radioaktiver Strahlen ●
F: Welche radioaktiven Strahlen haben die größte Reichweite? **A**: die γ-Strahlen ●	**F**: Welche radioaktiven Strahlen sind biologisch am wirksamsten? **A**: die α-Strahlen ●●	**F**: Womit ist oberhalb der sog. Schwellendosis zu rechnen? **A**: mit Strahlenschäden ●	**F**: Was versteht man unter Kontamination? **A**: die Verunreinigung mit radioaktivem Material ●
F: Welches Organ ist der höchsten natürlichen Strahlenbelastung ausgesetzt (durch das Edelgas Radon)? **A**: die Lunge ●●	**F**: Was gibt die Halbwertszeit an? **A**: die Zeit, nach der die Hälfte des jeweils vorhandenen radioaktiven Materials zerfallen ist ●	**F**: Wie viel % eines radioaktiven Materials sind nach zwei Halbwertzeiten noch vorhanden? **A**: 25% ●	**F**: Welche radioaktiven Strahlen nutzt man in der Medizin hauptsächlich? **A**: γ-Strahlen ●

KOHL VERLAG SPIELE IM CHEMIEUNTERRICHT Kopiervorlagen für die Sekundarstufe I – Bestell-Nr. 12 993

Radioaktivität und Kernenergie

Kartenspiel

F: Was ist ein Szintigramm? **A**: eine optische Darstellung von Organen oder Stoffwechselvorgängen mittels Radionukliden ●●	**F**: Was kann man mit der Radiokarbonmethode feststellen? **A**: das Alter abgestorbener organischer Substanzen ●	**F**: Worauf beruht die Radiokarbonmethode? **A**: der Gehalt an radioaktivem ^{14}C ist im lebenden Organismus konstant, danach nimmt er ab ●●	**F**: Welcher Energie liefernde Kernprozess findet im Innern der Sonne statt? **A**: die Verschmelzung von Wasserstoff- zu Heliumkernen ●●
F: Wem gelang 1919 (durch Beschuss mit α-Teilchen) die erste künstliche Kernumwandlung? **A**: dem englischen Physiker Ernest Rutherford ●●	**F**: Wem gelang 1938 (an ^{235}U) die erste Atomkernspaltung? **A**: den deutschen Chemikern Otto Hahn und Fritz Straßmann ●	**F**: Wer setzte 1942 die erste Kettenreaktion in einem Kernreaktor in Gang? **A**: der italienische Physiker Enrico Fermi ●●	**F**: Welche Elementarteilchen eignen sich zur Kernspaltung von ^{235}U? **A**: (langsame) Neutronen ●
F: Welches Uranisotop überwiegt im Natururan? **A**: das Uranisotop ^{238}U ●	**F**: Welches Uranisotop ist der Brennstoff der Kernkraftwerke? **A**: das Uranisotop ^{235}U ●	**F**: Was ist angereichertes Uran? **A**: Uran mit einem höheren als dem natürlichen Gehalt an ^{235}U ●	**F**: Wie ist der deutliche Massenverlust bei Kernspaltungen und Kernverschmelzungen erklärbar? **A**: er entspricht der frei werdenden Energie ●●
F: Wie viele Wasserkreisläufe hat ein Druckwasserreaktor und welche? **A**: zwei: den Kühlkreislauf und den Turbinenkreislauf ●	**F**: Bei welchem Reaktortyp dient das (kontaminierte) Kühlwasser zugleich dem Turbinenantrieb? **A**: beim Siedewasserreaktor ●	**F**: Aus welcher Uranverbindung bestehen die Pellets in den Brennstäben der Kernreaktoren? **A**: aus Urandioxid UO_2 ●●	**F**: Welche Spaltproduke entstehen bei der Spaltung eines Kerns von ^{235}U? **A**: zwei mittelschwere Atomkerne und einige Neutronen ●
F: Was bezeichnet man als kritische Masse? **A**: die kleinste Spaltstoffmenge, ab der eine sich selbst erhaltende Kettenreaktion möglich ist ●●	**F**: Welche Aufgabe haben die Regelstäbe eines Kernreaktors? **A**: überzählige freie Neutronen zu absorbieren ●	**F**: Wozu dient der Moderator eines Kernreaktors? **A**: zum Abbremsen schneller Neutronen ●	**F**: Was bedeutet die Abkürzung GAU? **A**: größter anzunehmender Unfall ●
Joker ●	**Joker** ●	**Joker** ●●	**Joker** ●●

SPIELE IM CHEMIEUNTERRICHT
Kopiervorlagen für die Sekundarstufe I – Bestell-Nr. 12 993
KOHL VERLAG Lernen mit Erfolg

Berühmte Forscher

Quartettspiel

1 Jöns Jakob von Berzelius	1 Jöns Jakob von Berzelius	1 Jöns Jakob von Berzelius	1 Jöns Jakob von Berzelius
a 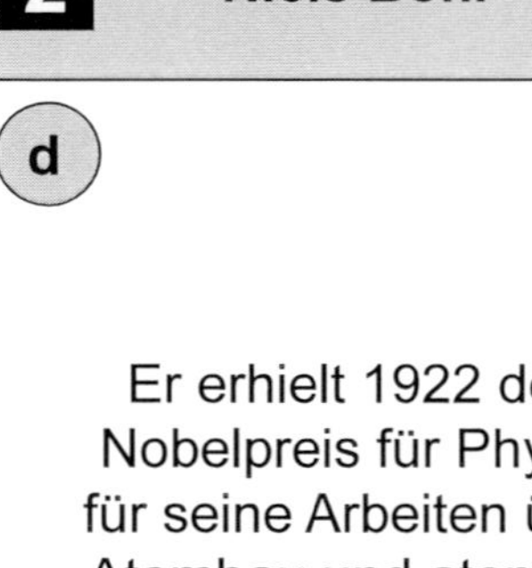	b schwedischer Chemiker 1779 - 1848	c Er führte die ersten genauen Atommassenbestimmungen durch.	d Er entwickelte die heute üblichen Elementsymbole.

2 Niels Bohr	2 Niels Bohr	2 Niels Bohr	2 Niels Bohr
a 	b dänischer Physiker 1885 - 1962	c Er entwickelte ein Schalenmodell zur Struktur der Elektronenhülle (Bohrsches Atommodell).	d Er erhielt 1922 den Nobelpreis für Physik für seine Arbeiten über Atombau und atomare Strahlung.

Quartettspiel

Karte	Forscher	Inhalt
3 a	Marie Curie	
3 b	Marie Curie	polnisch-französische Physikerin und Chemikerin 1867 - 1934
3 c	Marie Curie	Sie entdeckte die radioaktiven Elemente Polonium und Radium und erhielt 1903 den Nobelpreis für Physik zusammen mit Pierre Curie und Becquerel.
3 d	Marie Curie	Sie isolierte Radium und bestimmte dessen Eigenschaften. Es folgte 1911 der Nobelpreis für Chemie.
4 a	John Dalton	
4 b	John Dalton	englischer Chemiker 1766 - 1844
4 c	John Dalton	Er griff die Vorstellung Demokrits (griech. Philosoph) von der Teilchenstruktur der Materie wieder auf.
4 d	John Dalton	Daltons Hypothese: Alle Atome eines Elements sind in Masse und Größe einander gleich.

19 Berühmte Forscher

Quartettspiel

5	Fritz Haber
a	

5	Fritz Haber
b	deutscher Chemiker 1868 - 1934

5	Fritz Haber
c	Er fand eine Methode zur Synthese von Ammoniak aus den Elementen.

5	Fritz Haber
d	1918 erhielt er den Nobelpreis für Chemie.

6	Otto Hahn
a	

6	Otto Hahn
b	deutscher Chemiker 1879 - 1968

6	Otto Hahn
c	Ihm gelang 1938 zusammen mit Fritz Straßmann die erste Atomkernspaltung (an Uran mit langsamen Neutronen).

6	Otto Hahn
d	1944 erhielt er den Nobelpreis für Chemie.

Quartettspiel

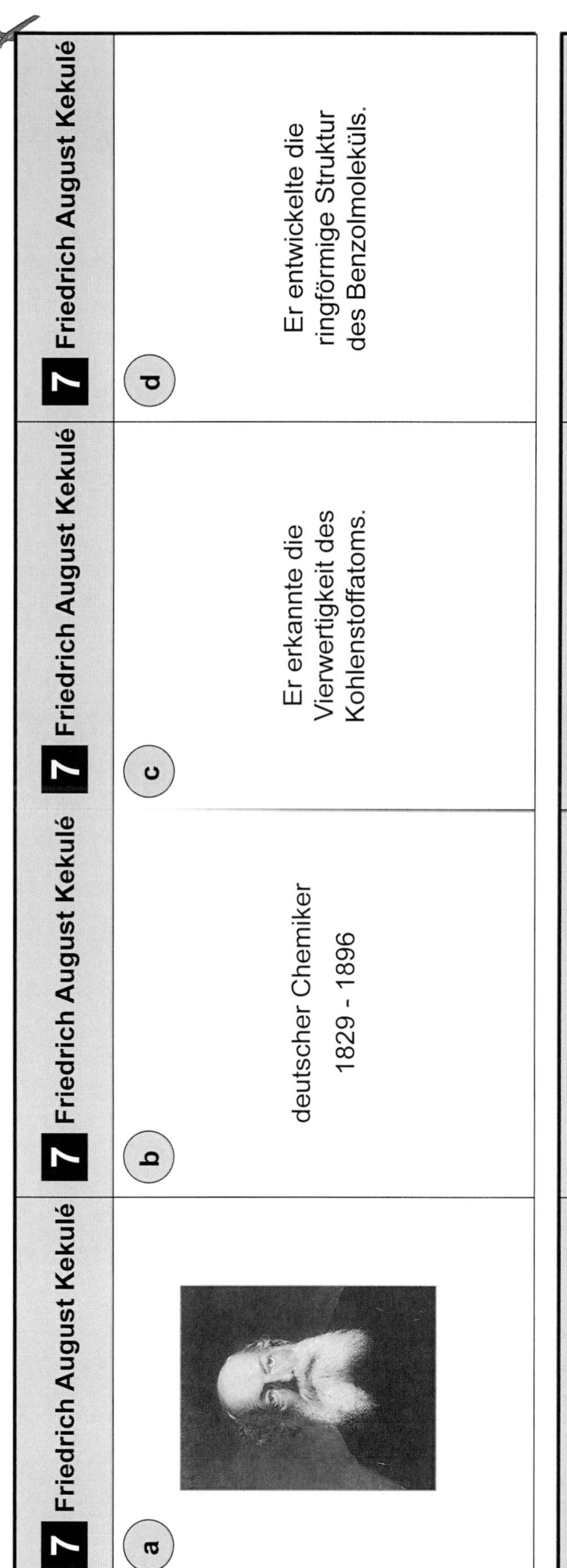

7 Friedrich August Kekulé (a)

7 Friedrich August Kekulé (b)

deutscher Chemiker

1829 - 1896

7 Friedrich August Kekulé (c)

Er erkannte die Vierwertigkeit des Kohlenstoffatoms.

7 Friedrich August Kekulé (d)

Er entwickelte die ringförmige Struktur des Benzolmoleküls.

8 Antoine de Lavoisier (a)

8 Antoine de Lavoisier (b)

französischer Chemiker

1743 - 1794

8 Antoine de Lavoisier (c)

Er führte als erster Chemiker quantitative Versuche durch.

8 Antoine de Lavoisier (d)

Er fand das Gesetz von der Erhaltung der Masse.

19

Berühmte Forscher

Quartettspiel

9 a Justus von Liebig	9 b Justus von Liebig	9 c Justus von Liebig	9 d Justus von Liebig
	deutscher Chemiker 1803 - 1873	Er erkannte die Notwendigkeit künstlicher Düngung nach der Ernte.	Er fand das Minimumgesetz für den Ernteertrag.

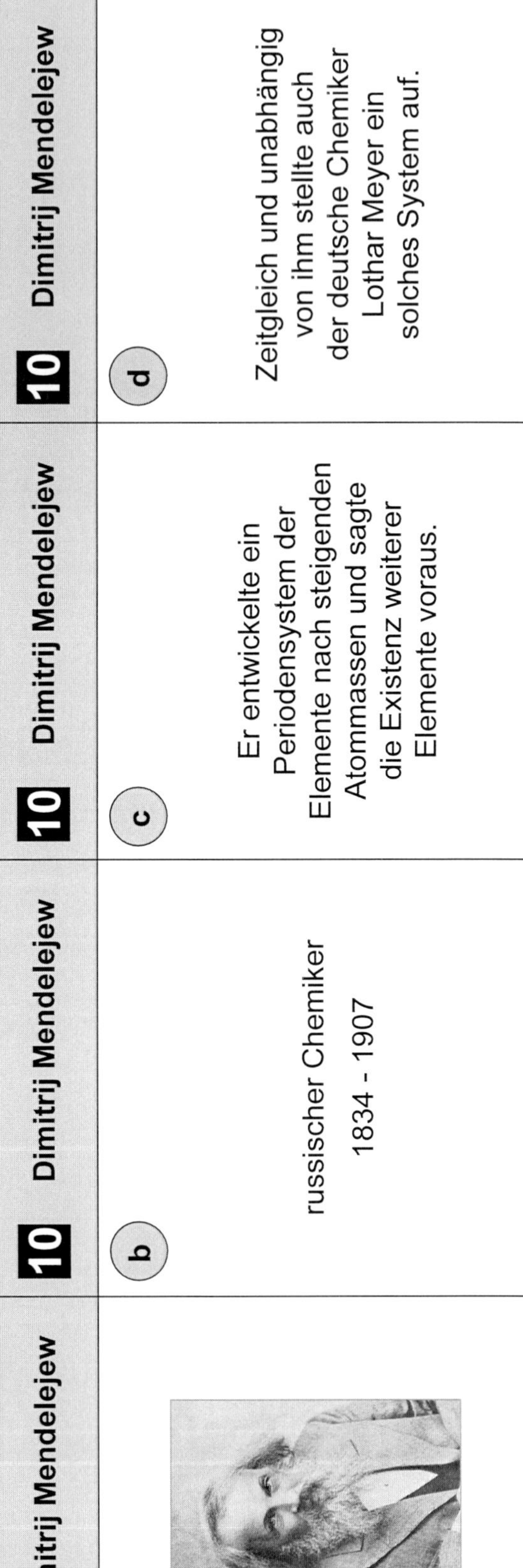

10 a Dimitrij Mendelejew	10 b Dimitrij Mendelejew	10 c Dimitrij Mendelejew	10 d Dimitrij Mendelejew
	russischer Chemiker 1834 - 1907	Er entwickelte ein Periodensystem der Elemente nach steigenden Atommassen und sagte die Existenz weiterer Elemente voraus.	Zeitgleich und unabhängig von ihm stellte auch der deutsche Chemiker Lothar Meyer ein solches System auf.

Quartettspiel

11 Linus Pauling

a

11 Linus Pauling

b

amerikanischer Chemiker

1901 - 1994

11 Linus Pauling

c

Für die Strukturaufklärung von Eiweißmolekülen (α-Helix) erhielt er 1954 den Nobelpreis für Chemie.

11 Linus Pauling

d

1962 folgte der Friedensnobelpreis für seinen Einsatz gegen Kernwaffenversuche.

12 Ernest Rutherford

a

12 Ernest Rutherford

b

englischer Physiker

1871 - 1937

12 Ernest Rutherford

c

Er beschoss Goldfolie mit Alphateilchen und fand so das Kern-Hülle-Atommodell.

12 Ernest Rutherford

d

Ihm gelang die erste künstliche Kernumwandlung.

1908 erhielt er den Nobelpreis für Chemie.

19

Berühmte Forscher

Quartettspiel

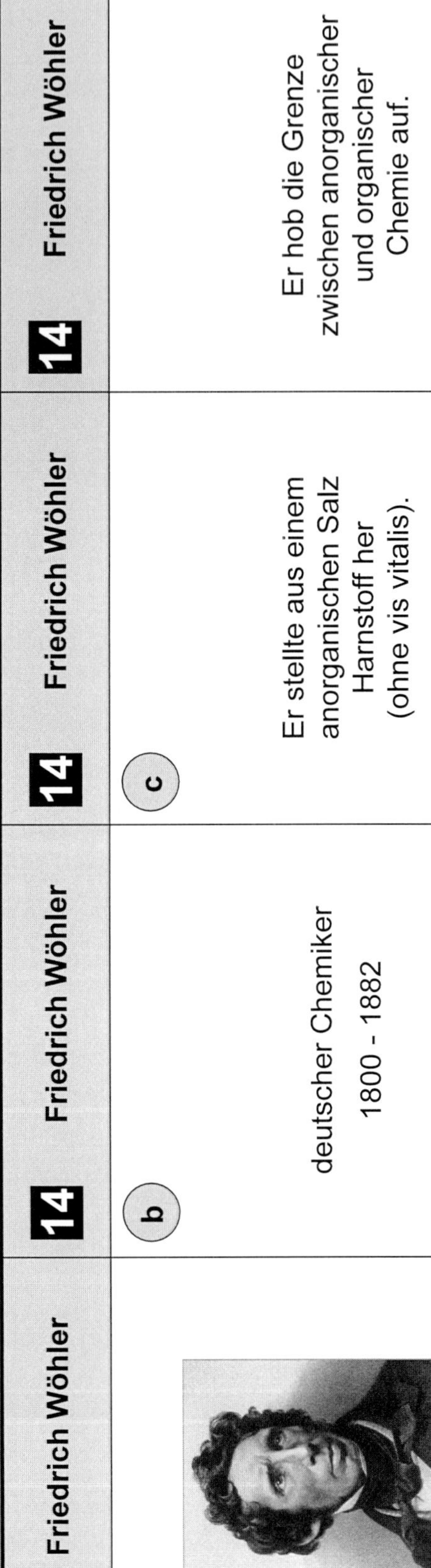

13 Hermann Staudinger	13 Hermann Staudinger	13 Hermann Staudinger	13 Hermann Staudinger
a	b	c	d
	deutscher Chemiker 1881 - 1965	Er gilt als Begründer der makromolekularen Chemie.	Er schuf die Grundlagen der Kunststoffchemie und erhielt 1953 den Nobelpreis für Chemie.

14 Friedrich Wöhler	14 Friedrich Wöhler	14 Friedrich Wöhler	14 Friedrich Wöhler
a	b	c	d
	deutscher Chemiker 1800 - 1882	Er stellte aus einem anorganischen Salz Harnstoff her (ohne vis vitalis).	Er hob die Grenze zwischen anorganischer und organischer Chemie auf.

Zuordnungsspiel

Backpulver enthält als ...	Beim Verbrennen fossiler Brennstoffe ...	Alkali- und Erdalkaliverbindungen rufen die ...
Jeanskleidung wird mit dem ...	Fluorverbindungen in Zahncremes ...	Der Heizwert von Steinkohle ist ...
Eiweiße sind aus ...	In kalkreichen Gegenden setzt sich in ...	Mit Benzin kann ...
Seifen und andere waschwirksame Substanzen setzen ...	Beispiele verbreiteter Polymerisate sind ...	Speisesalz ist im Unterschied zu reinem Natriumchlorid ...

... Treibmittel Natriumhydrogencarbonat.	... entsteht das Treibhausgas Kohlenstoffdioxid.	... Farbigkeit von Feuerwerken hervor.
... Farbstoff Indigo gefärbt.	... schützen vor Karies.	... höher als der von Braunkohle.
... Aminosäuren zusammengesetzte Makromoleküle.	... Wasserleitungen und Kochtöpfen Kesselstein ab.	... man Fettflecken entfernen.
... die Oberflächenspannung des Wassers herab.	... PE (Polyethen) und PVC (Polyvinylchlorid).	... hygroskopisch und verklumpt deshalb leicht.

SPIELE IM CHEMIEUNTERRICHT
Kopiervorlagen für die Sekundarstufe I – Bestell-Nr. 12 993
KOHL VERLAG

20 Chemie im Alltag

Zuordnungsspiel

Der im Baugewerbe verwendete Zement ist ein ...	Sonnenschutzmittel dringen in die Haut ein und absorbieren ...	Das für uns unverdauliche Polysaccharid Cellulose ...
Das Verändern von Eiweißstrukturen beim Kochen, Braten ...	Für die Herstellung von Solarzellen und mikroelektronischen ...	Die Elektroden eines geladenen Bleiakkus ...
Pökelsalz zum Haltbarmachen von Wurstwaren ist eine ...	Das giftige Quecksilber wird heute als Füllflüssigkeit ...	Mit dem Recycling von Abfällen lassen ...
Der Rohstoff für die Herstellung von ...	Die Kunststoffe PET (Polyethylenterephthalat) und ...	Das Alkalimetall Lithium hat eine ...

... gebranntes und gemahlenes Gemisch aus Kalk und Ton.	... UV-Strahlen oder sind Deckpigmente und reflektieren UV-Licht.	... ist ein wichtiger Ballaststoff in unserer Nahrung.
... und Backen bezeichnet man als Denaturieren.	... Bauteilen wird Reinstsilicium benötigt.	... bestehen aus Bleidioxid (Pluspol) und Blei (Minuspol).
... Mischung aus Kochsalz und Natriumnitrit.	... für Thermometer kaum noch verwendet.	... sich Rohstoffe sparen.
... Kunststoffen aller Art ist Erdöl.	... Trevira gehören zu den Polyestern.	... neue Akkugeneration ermöglicht.

SPIELE IM CHEMIEUNTERRICHT
Kopiervorlagen für die Sekundarstufe I – Bestell-Nr. 12 993
KOHL VERLAG